講座
図書館情報学
8

山本順一
［監修］

情報サービス演習

地域社会と人びとを支援する公共サービスの実践

中山愛理
［編著］

ミネルヴァ書房

「講座・図書館情報学」刊行によせて

　（現生）人類が地球上に登場してからおよそ20万年が経過し、高度な知能を発達させたヒトは70億を数えるまで増加し、地球という惑星を完全に征服したかのような観があります。しかし、その人類社会の成熟は従来想像もできないような利便性と効率性を実現したものの、必ずしも内に含む矛盾を解消し、個々の構成員にとって安らかな生活と納得のいく人生を実現する方向に向かっているとはいえないようです。科学技術の格段の進歩発展の一方で、古代ギリシア、ローマと比較しても、人と社会を対象とする人文社会科学の守備範囲は拡大しこそすれ、狭まっているようには思えません。

　考古学は紀元前4000年代のメソポタミアにすでに図書館が設置されていたことを教えてくれました。図書館の使命は、それまでの人類の歴史社会が生み出したすべての知識と学問を集積するところにありますが、それは広く活用され、幸福な社会の実現に役立ってこそ意味があります。時代の進歩に見合った図書館の制度化と知識情報の利用拡大についての研究は図書館情報学という社会科学に属する学問分野の任務とするところです。

　1990年代以降、インターネットが急速に普及し、人類社会は高度情報通信ネットワーク社会という新しい段階に突入いたしました。4世紀あたりから知識情報を化体してきた書籍というメディアは、デジタルコンテンツに変貌しようとしております。図書館の果たしてきた役割はデジタル・ライブラリーという機能と人的交流と思考の空間に展開しようとしています。本講座では、サイバースペースを編入した情報空間を射程に収め、このような新たに生成しつつある図書館の機能変化と情報の生産・流通・蓄積・利用のライフサイクルについて検討・考察を加えます。そしてその成果をできるだけ明快に整理し、この分野に関心をもつ市民、学生に知識とスキルを提供しようとするものです。本講座を通じて、図書館のあり方とその未来について理解を深めて頂けたらと思います。

2013年3月

　　　　　　　　　　　　　　　　　　　　　　　　　　山　本　順　一

はじめに

　日々の暮らしの中で気になった疑問を解決したり、ビジネスに関わる人が販売戦略を検討したりするためには、「**情報**」が必要不可欠である。情報は、調べるという行為によって得ることができる。調べる手段は、人に訊く、インターネットや図書で調べるなどさまざまある。
　世の中に存在する多様な「**情報**」のなかから、本当に必要とする情報を見つけ出すために、何を選び、どのように探すのかといった調べる手段を活かしていくには、それなりの「コツ」が必要である。
　図書館では、調べる「コツ」を熟知した図書館員が古くから「レファレンスサービス」や「参考調査」という名称で、質問を受けて、情報源を提示するかたちで回答するような市民の調べ物の援助を行ってきた。現在、図書館が提供するこのサービスは、社会の変貌やネットワーク情報資源の普及にあわせて、単なる調べ物を援助するサービスから拡張しつつある。調べる情報源としてネットワーク情報資源を活用するだけではなく、ネットワークを活用し、質問を受け付けたり、回答したりする試みも行われている。
　図書館が提供するこの種のサービスでは、質問の受付が制限されるようなものもある。しかし、図書館という情報資源が活用される（市民が活用したいと思う）には、受付が制限される質問にも何らかの形で対応する柔軟性が必要であろう。例えば、図書館以外の相談機関や情報提供機関のリストの提供などである。こうしたサービスは、第14章「発信型情報サービスの実際」で取り上げている。また、図書館が情報提供機関として有用とみなされるためには、市民の生活に根差す必要がある。そこで、本書では類書にはない、第12章「生活に関わる情報の探し方」として、市民の生活に関わる各種情報資源の調べるコツについて取り上げることにした。

もう1つ本書の特徴として、情報サービスを「準備」(Plan)、「実践」(Do)、「完結」(Check)と3部構成に分け、各部ごとに具体的な内容を示した章をもうけた。特に「実践」では、ネットワーク情報資源のみならず、冊子体の情報源においても紹介している。近年ネットに頼ることが多くなってきているが、調査内容によっては冊子体を活用した方が有益な情報が得られることも少なくはない。その点も含めテーマごとに情報資源(ネットワーク・冊子体)を紹介し、演習問題をつけた。利用者からはいろいろな質問を受けることを想定し総合演習ではジャンルを問わず質問を用意している。

　くり返し読んでいただき、行動・実践(Action)していく上で、より探すコツが身についてくると思われる。

　本書は、「講座・図書館情報学」というシリーズものの一冊という位置づけから、図書館について学ぶ学生や司書講習の場で図書館における調べる「コツ」を実践形式で、身につけることを目指して編集している。それだけでなく、本書は、図書館員のようなスキルを身につけて、情報を上手に探したいと考える市民のみなさまに活用されることも期待している。

　最後に、本書を刊行するにあたって編集に尽力していただいたミネルヴァ書房の水野安奈氏と渡辺麻莉子氏に心から感謝申し上げたい。

2016年10月

中山愛理

情報サービス演習
―― 地域社会と人びとを支援する公共サービスの実践 ――

目　次

はじめに

第Ⅰ部　情報サービスの準備

第1章　図書館における情報サービスの構築 …………………… 2
1. 情報社会と図書館　2
2. 図書館で行う情報サービスとは？　3
3. 情報サービスに必要な構成要素とその方針策定に向けて　4
4. 情報サービスを展開するための体制作り　4
5. 利用者の情報ニーズの把握　11
6. 地域の課題解決と図書館の情報サービス　12
   ◆演習問題1　15

第2章　レファレンス情報源の評価と整備 …………………… 16
1. 情報資源の種類　16
2. レファレンスコレクションの形成　20
3. レファレンスコレクションの評価　23
4. レファレンスコレクションの整備　26
   ◆演習問題2-1　29
   ◆演習問題2-2　29
   ◆演習問題2-3　29

第3章　レファレンスの受付とインタビューの技法と実際 ……… 30
1. レファレンスのプロセスとインタビュー　30
2. レファレンスサービスの実際①――レファレンスの受付　31
3. レファレンスサービスの実際②――インタビューの技法　42
   ◆演習問題3-1　48
   ◆演習問題3-2　48

第4章　情報探索の技法 …………………………………………… 49
1. コトバの選び方　49

2　ネットワーク情報資源の検索　55

3　紙媒体の情報資源を使用した検索　59

　◆演習問題4-1　61

　◆演習問題4-2　62

　◆演習問題4-3　62

コラム　物語・小説にみる図書館情報サービス　63

第Ⅱ部　情報サービスの実践

第5章　図書情報（書誌：和書・洋書）の探し方 …………………… 66

1　図書情報の特徴　66

2　図書情報に関するネットワーク情報資源　67

3　図書情報に関する冊子体情報資源　71

4　目的別情報資源の使い方　73

　◆演習問題5-1　74

　◆演習問題5-2　75

第6章　新聞・雑誌情報の探し方 ……………………………………… 82

1　新聞・雑誌情報の特徴　82

2　新聞・雑誌情報に関するネットワーク情報資源　83

3　新聞・雑誌情報に関する冊子体情報資源　86

4　目的別情報資源の使い方　89

　◆演習問題6-1　91

　◆演習問題6-2　94

第7章　言語、事物、概念に関する情報の探し方 …………………… 98

1　言語、事物、概念に関する情報の特徴　98

2　言語、事物、概念に関するネットワーク情報資源　99

3　言語、事物、概念に関する冊子体の情報資源　101

4　目的別情報資源の使い方　109

　　　　◆演習問題 7 - 1　110
　　　　◆演習問題 7 - 2　112

第 8 章　法令、条例、判例、政府・行政情報の探し方················115
　　1　法令情報の探し方　115
　　2　判例情報の探し方　119
　　3　政府・行政情報の探し方　122
　　4　目的別情報資源の使い方　124
　　　　◆演習問題 8 - 1　128
　　　　◆演習問題 8 - 2　129

第 9 章　知的財産系情報（特許、商標など）の探し方················132
　　1　知的財産系情報　132
　　2　産業財産権　134
　　3　特許権　135
　　4　実用新案権　136
　　5　意匠権　138
　　6　商標権　139
　　7　知的財産系情報に関する情報資源と調べ方　140
　　8　目的別情報資源の使い方　145
　　　　◆演習問題 9 - 1　145
　　　　◆演習問題 9 - 2　147

第10章　人物、企業、団体情報の探し方···150
　　1　人物、企業、団体情報の特徴　150
　　2　人物、企業、団体情報に関するネットワーク情報資源　151
　　3　人物、団体、企業情報に関する冊子体情報資源　156
　　4　目的別情報資源の使い方　163
　　　　◆演習問題10- 1　164

◆演習問題10-2　165

第11章　地理（地名）、歴史情報の探し方………………………………168
1. 地理（地名）、歴史情報の特徴　168
2. 地理（地名）、歴史情報に関するネットワーク情報資源　169
3. 地理（地名）、歴史情報に関する冊子体情報資源　175
4. 目的別情報資源の使い方　181
    ◆演習問題11-1　183
    ◆演習問題11-2　184

第12章　生活に関わる情報の探し方………………………………………187
1. 生活に関わる情報の特徴　187
2. 生活情報に関するネットワーク情報資源　187
3. 図書情報に関する冊子やチラシなどの情報資源　195
    ◆演習問題12-1　200
    ◆演習問題12-2　201

第13章　レファレンス質問に関する総合演習……………………………203
1. ネットワーク情報資源を使った演習　203
2. 冊子体情報資源を使った演習　205
3. ネットワーク情報資源と冊子体情報資源を使った演習問題　207
コラム　妥当な情報（情報資源）が見つからない時は…　210

第14章　発信型情報サービスの実際………………………………………212
1. 発信型情報サービス　212
2. 図書館のパスファインダー　212
    ◆演習問題14-1　215
3. インフォメーションファイル　215
    ◆演習問題14-2　217
4. FAQの作成　217

◆演習問題14-3　217
　　5　リンク集の作成　218
　　　◆演習問題14-4　219
　　6　クリッピング資料の作成と提供　219
　　　◆演習問題14-5　220
　　7　図書リストの作成と提供　220
　　　◆演習問題14-6　222
　　　◆演習問題14-7　222
　　8　カレントアウェアネスサービス　222
　　9　課題解決支援コーナーの設置　223
　　10　外部の専門家（専門機関）との連携　223
　　　◆演習問題14-8　224
　　コラム　100年前のレファレンスサービスの授業に学ぶ　225

第Ⅲ部　情報サービスの完結

第15章　情報サービスの回答と評価 …………………………228
　　1　図書館における情報サービスの必要性　228
　　2　レファレンス記録　229
　　3　レファレンス協同データベース　232
　　4　レファレンス記録の作成　239
　　5　情報サービスの評価　242
　　　◆演習問題15-1　243
　　　◆演習問題15-2　243
　　コラム　図書館情報サービスの創造　244

索引

第Ⅰ部　情報サービスの準備

第 1 章　図書館における情報サービスの構築

1　情報社会と図書館

　1960年代からアメリカ合衆国で開発が始まったインターネットは、1990年代半ばから私たちの文化やビジネスに大きな影響を与えることになった。この動きはアメリカ合衆国の未来学者であるアルビン・トフラーが1980年発表の自著『第三の波』に見ることができ、トフラーは現代文明が情報によって大きく変化していく可能性を予言していた。いわゆる、情報に価値を見出される社会の存在である。

　現在、インターネットは、電子メールの送受信やWebサイト閲覧などの形で、私たちの日常生活の隅々までその技術が浸透してきた。いわば、私たちが自分で情報源に直接アクセスできるようになった。学生が授業のレポートを執筆するために検索エンジンを使う。サラリーマンが仕事の接待に使う飲食店をチェックする。主婦が夕飯のメニューをチェックする。私たちは、有益無益／確実不確実問わず、ありとあらゆるジャンルの情報をインターネット経由で一通りは入手できるようになった。もっとも、検索エンジンに自分が知りたいと思ったキーワードを入力したら検索結果の膨大な量に出くわし、困惑する者もあろう。

　一方、図書館の存在はどうか。Webサイト上には図書館不要論などといった主張が散見される。2013年9月には、アメリカ合衆国テキサス州サンアントニオに紙の本がない公共図書館 "BiblioTech" なるものが現れた[1]。しかし、

---

1) 紙の本のない公共図書館 "BiblioTech" が米国に誕生　カレントアウェアネス-E　No.246, 2013年〈http://current.ndl.go.jp/e1487〉最終確認日2016年7月21日。

日本において、公共図書館数は減るどころか、1984年の1,590館から2015年には3,261館と、むしろ増加している。

　図書館には様々な目的を持った利用者が集う。今話題になっている本を借りたい。子どもと一緒に読む絵本や紙芝居を借りたい。いつもは買わない雑誌の最新号を読みたい。来週の企画会議で使うデータが欲しい。冷暖房が効いた空間で受験勉強したい。地域のまちづくりサークルでイベントしたい。どのような目的であっても、これらの行為は図書館の利用に慣れた人には大したことではない。しかし、不慣れな利用者にとっては図書館の利用そのものが敷居の高いものとなってしまう。図書館利用に不慣れな利用者は常に図書館へ来館するとは限らない。

2　図書館で行う情報サービスとは？

　図書館における情報サービスとは、利用者の情報ニーズに合わせた図書や情報の提供を行うことである。そして、これらのことを具体化したもの全般を指す。また、情報サービスの中心となるサービスをレファレンスサービスと呼ぶ。

　『図書館情報学用語辞典』第4版によると、レファレンスサービスは、「何らかの情報ある資料を求めている図書館利用者に対して、図書館員が<u>仲介的立場</u>（下線は筆者による）から求められている情報あるいは資料を提供ないし提示することによって援助すること、及びそれにかかわる<u>諸業務</u>」とされている。図書館員は情報を流通させる仲介者として自らの専門知識を駆使し、「情報の大海」から利用者に代わって必要な情報を探し出してくる。図書館員の「仲介的立場」が必要なのは、何らかの情報は欲するものの図書館利用に不慣れでなかなか来館しない者ではないか。

　図書館は図書の閲覧や貸出を行う場であるとともに、何かを学んだり調べたりする場でもある。情報通信技術の発達により、図書館に来館せずに図書館サービスを利用することも可能となってきた。図書館を取り巻く環境も絶えず変化し、利用者が求めるニーズも常に変化する。来館非来館問わずに、「何か

を知りたい」利用者に対して、図書館は自ら情報資源を活用して、利用者の求める情報を迅速、的確に提供することが問われている。

3 情報サービスに必要な構成要素とその方針策定に向けて

　図書館は情報を扱う機関であり、情報サービスは図書館が行うべきサービスの一つである。図書館で情報サービスを展開する以上、図書館の構成要素と同じく、情報サービスに必要な要素は、**情報資源、施設・設備、図書館員、利用者**の４つからなる。図書館の使命は、利用者が自ら考え自ら行動するために必要な情報を提供することである。そのために、図書館は利用者の情報ニーズを常に把握することが重要である。

　もちろん、図書館を設置する親機関の存在も忘れてはならない。図書館が情報サービスの基本方針を定めるにあたっては、親機関が図書館を設置することによって達成したい目的も熟考することが大事である。親機関の目的は、図書館の基本計画、中長期計画、年報、要覧、設置条例、自治体作成の教育振興基本計画などに触れてあることが多い。これらを確認することで、図書館員が自館で情報サービスを実践する意義を見出すことができる。

4 情報サービスを展開するための体制作り

3.1 情報サービスの種類

　図書館における情報サービスは、図書館の情報提供機能を具体的な形としたレファレンスサービス、そして、そのレファレンスサービスを高度に発展的にさせた各種サービス（レフェラルサービス、カレントアウェアネスサービスなど）が相当する。近年注目されている図書館での課題解決型サービスの土台はレファレンスサービスと言っても良い。

　情報サービスとして展開される図書館の直接サービスとしては、次の項目に大別できる（本節では、それぞれの業務内容については概要を紹介するにとどめる）。

(1)レファレンスサービス（質問回答、情報提供）
(2)レフェラルサービス
(3)利用案内
(4)カレントアウェアネスサービス
(5)情報発信型のサービス

(1)レファレンスサービス（質問回答、情報提供）
　レファレンスサービスは、利用者が知りたいと考える質問に対して回答し、回答に適切な資料や情報を提供する。また、質問回答に適切な資料や情報が図書館内にない場合は、必要に応じて図書館間相互貸借にて入手する業務も含む。

(2)レフェラルサービス
　レフェラルサービスは、利用者の情報ニーズに対して図書館が自館での回答ができない場合、他の図書館や類縁機関あるいは専門家の情報を提供することである。図書館が質問者に代わってこれらの機関に照会し情報を入手することもある。

(3)利用案内
　利用案内は、図書館施設やその設備、資料の使い方などに関する情報を提供することである。館内に設置してあるコンピュータ目録やレファレンスブック、図書館内からアクセスできる商用データベースなどの利用方法を案内する。必要に応じて、利用者向けに「図書館使いこなし講習会」などといったオリエンテーションや図書館ツアーを開くこともある。

(4)カレントアウェアネスサービス
　カレントアウェアネスサービスは図書館が利用者に最新情報を提供するサービスである。具体的には、新着図書情報のリスト提供、コンテンツサービス（雑誌の目次情報を提供する）、SDI（特定主題の選択的情報提供）などの形で行われ

る。

(5)情報発信型のサービス

　情報発信型のサービスには、パスファインダー（調べ方案内）や書誌の作成、インターネット情報資源へのリンク集作成、図書館に寄せられたレファレンスの事例集作成、レファレンス協同データベースへの参加、協力レファレンスの実施、電子メールやWebサイト経由での受付によるデジタルレファレンスの実施などが挙げられる。これらのサービスは情報発信の観点から図書館Webサイト上で展開されることもある。

　以上の直接的なサービスを展開するにあたっては、情報サービスとしての間接的サービスも重要となる。レファレンスコレクションの構築、レファレンスコレクションの評価、情報サービス業務の記録などがあたる（情報サービスを構成する要素としての情報資源については、次章にて詳しく触れる）。

　情報サービスの提供種別は親機関の図書館に対する目的を考慮することが求められる。学校図書館や大学図書館は利用者の教育に寄与することが親機関の目的である。学生が寄せた質問に図書館員が回答を提示する。もし、質問が学生に課された課題であるならば、この場合課題の意味が失われることもある。そのため、学校図書館や大学図書館での情報サービスは、情報そのものの提供ではなく、情報源や探索方法の提示に重点が置かれることもある。

3.2　情報サービス構築の検討項目

(1)情報サービス担当者が問われる能力／知識

　図書館での情報サービスは、基本的にはサービス担当者と1人の利用者が直に接してサービスする。そのため、情報サービス担当者は対人関係を円滑に進めるために、接遇やマナー、コミュニケーション能力が重要となる。接遇は人の接する場面で求められる心構えである。また、マナーは人と向き合う時の技法と捉えて良い。なお、情報サービス担当者が向き合う「人」とは、質問者で

あるとともに、ともに働く同僚でもあることを忘れてはならない。

コミュニケーション能力は、他者と意思疎通を上手に図る能力である。自分の意見をわかりやすく伝える力、利用者の質問や同僚の考えを丁寧に聴く力、相手が求めていることを理解する力などが問われる。また、近年は、Webサイトを経由した情報サービスも行われ、非来館者への対応が求められることがある。対応に際し、必要なことを文章化する力や、物事を論理的に説明する力なども必要である。

組織の一員としてサービスを展開するため、問題解決能力やコスト対効果の意識も求められる。問題解決能力は、問題を正しく認識する力であり、そこには、サービス実施においては、質問として現れた問題をはっきりさせる力といっても良い。また、解決に向けてプロセスを明らかにして準備する力、新しい価値を創造する力など、総じて「考え抜く」姿勢が問われる。また、情報サービスでのコスト対効果を検討する場合、コストとは予算・決算といった金銭的な部分以外に、サービスのために費やす時間もしくは作業量も含む。対人的なやり取りが特定の利用者にだけサービスが集中していないか。質問回答に際し、特定の担当者が膨大な作業量に見舞われていないか。これらの場合、質問回答の作業から一時的に離れていることによって、困難を極めていた質問回答の道筋が見えてくることもある。

他にも、サービス担当者は、主題分析能力、情報源に関する知識、調査能力、デジタル情報資源の活用能力、知的財産権と情報倫理に関する知識など、情報に関する知識／技術が求められる。

(2)情報サービスの体制に必要な環境

図書館での情報サービスは、組織的に、そして、継続的に取り組まれることが求められる。提供される情報サービスの質がサービス担当者ごとに大きくその差が異なれば、利用者の図書館全体への信頼も揺らぎかねない。したがって、情報サービス担当者個人の技術能力だけに任せてはいけない。そのためにも、組織として情報サービスを担当する部門を設置することが望ましい。そして、

サービスの運営方針や規程、マニュアルを整備し明文化すること、担当者へ研修の機会を用意することが求められる。

　サービスの運営方針、規程、マニュアルを整備することは、図書館が利用者問わずすべての利用に対して同じ水準のサービスを提供することの表明につながる。従来は、組織内の担当者どうしの了解で済ませることが多かったが、いろいろな立場の職員が図書館業務に従事する。そのため、これらを整備すること、そして、明文化することで、情報サービスに対する職員間の理解を深めることができる。

　情報サービスの質を保つには、担当者一人一人が情報サービスに関する高いレベルの知識・技術・態度を有することが必要である。他館の図書館員と交流することで、担当者が自館で展開する情報サービスを客観的に見ることにもつながる。担当者に研修の機会を設け、研修会へ参加することは、担当者の情報サービスに関する能力を計画的に向上させることができる。情報サービスを取り巻く環境、こと情報通信技術に関しては、日々めまぐるしく変化している。関連分野の研修会に参加することで、時代の変化に合わせた情報サービスの実践にもつなげることが容易になる。

　情報サービス業務の記録は、質問記録票を用意し、質問や回答、回答プロセスなどを記録する。そして、この記録を蓄積することで、質問内容の理解、質問回答に必要となる情報資源の選択など、情報サービスに取り組むための専門的な知識が蓄積される。そして、情報サービスに取り組む職員のスキル向上につなげることができる。

(3)情報サービスに取り組む人員の配置

　情報サービス担当者の人数については、図書館の規模や職場風土などが関係してくる。司書有資格の図書館員は誰でも取り組む図書館もあれば、レファレンスサービス担当として1～2名程度の図書館員を専任ポストに当てる図書館もある。県立図書館や政令指定都市クラスの公共図書館などある程度の大規模図書館であれば、数名以上を専任担当者に割り当て、情報サービスを行う図書

館もある。

　展開する情報サービスによってはその目的に応じて、関連資料の展示、パスファインダーの作成／提供と情報検索講習会の開催などといったように、幾つかの具体的なサービスを組み合わせることもある。そのような場合、館内や館外の連絡調整で、一人当たりの作業量がオーバーしてしまうこともあろう。また、担当者の休暇や研修会への参加といった点も踏まえれば、情報サービスの担当者は最低2名以上が望ましい。

　人員構成も、図書館内の職員数や業務量を検討し、ベテランと新人の組み合わせ、情報サービス担当の専任か兼務かなども配慮するとよい。担当者どうしの連絡やチームワーク、他部門との図書館員と意識を共有するためには、定期的な報告・連絡・相談が大事になる。定期的なミーティングを実施することにより、日々の業務を改善することにもつながる。

3.3　物理的な環境整備

　情報サービス提供の前提条件には、物理的な環境整備も求められる。レファレンスコレクションなどの整備、施設、設備、機器などである。レファレンスコレクションの整備以外は、言い換えると空間構成をいかに整備するかと捉えても構わない。

　情報サービスを展開するうえで、空間構成の大きな要素が、サービスポイント、サインシステム（図1.1参照）であろう。

　館内で情報サービスを提供するにあたっては、最も分かりやすいサービスポイントはカウンターの設営であろう。図書館の規模や方針、配置場所、年間での情報サービスの対応数（質問受付数だけとは限らない）などによって、サービスポイントの空間提供は大きく変わる。小規模図書館であれば、人員配置の関係から貸出カウンターで情報サービスの受付兼相談窓口として機能させることもあろう。しかし、一定規模以上の図書館であれば、専用のカウンターを置くべきである。これは、情報サービスの業務は貸出業務とは異なり、やや密な対人関係の上で情報サービスが展開されることが多いためである。また、専用の

第Ⅰ部　情報サービスの準備

図1.1　レファレンスコーナー（筆者撮影）

カウンターを設けることにより、利用者へ図書館が情報サービスを展開していることのPRにもなる。

　情報サービス専用のカウンターを設けることができる場合、まずは他の利用者が往来する動線からやや離れたところに設けることが望ましい。これは、利用者が他の来館者を気にせず相談しやすくなること、そして、利用者のプライバシーに配慮するためである。また、情報サービスでは、着席することで利用者が落ち着いて図書館員に向き合うことが多いことから、利用者用の椅子も配置する必要がある。ただし、情報サービスを受けたいと望む利用者は専用のカウンターに足を運ぶものばかりとは限らない。図書館フロア内で図書館員が情報サービスを援助した方が適切な利用者にも目が届くよう、カウンターから見通せることも大事である。もちろんサービス実施では、書架にある図書資料や雑誌、また、図書館が導入する商用データベースを活用することがある。館内のあらゆる情報資源へのたどりやすさも考慮した方が良い。

　サービスポイントの設置には次の点を考慮しながら、評価することを勧める[2]。

(1)サービスポイントの有無

　①情報サービスのためのサービスポイントが図書館内に
　　設置されている／されていない
　②①で設置されている場合、サービスポイントに職員が
　　常駐している／常駐していないが職員が容易に駆けつけられる／

---

2)斉藤泰則，大谷康晴編著『情報サービス演習』（JLA図書館情報学テキストシリーズⅢ；7）2015, p.17.

職員が不在、もしくは声をかけられる雰囲気ではない
　③①で設置されている場合、サービスポイントは、
　　専用の場所がある／貸出カウンターと一緒にある／その他

(2)サービスポイントの立地
　①利用者から見てサービスポイントが設置されている場所は
　　わかりやすい／わかりにくい
　②サービスポイントは情報源がある場所に
　　近い／あまり近くない／遠い

　情報サービスを展開するにあたり、館内でのサインシステムも一考の余地がある。特に、「レファレンスサービス」と言う表現は一般の利用者にはわかりにくい。「相談コーナー」や「なんでもお尋ねください」などといったわかりやすい表現に言い換えることも必要である。写真図1.1はとある図書館のカウンターにあるサインの一例である。「お気軽にご相談ください」のサインの下に、「必要な資料や情報を探すお手伝いをします。」と一文そえられている。
　その他、情報サービスの展開にあたって必要な物的資源としては、次のものが用意されてあることが望ましい。レファレンスコレクション（レファレンスブック、一般図書、雑誌など）、その他の情報源（インフォメーションファイルなど）、図書館が契約している商用データベースや外部データベース、Webへのアクセスのためのコンピュータ機器、外部機関との連携や遠隔利用のための対応のために必要な電話やFAXといった通信機器がある。

5　利用者の情報ニーズの把握

　図書館で情報サービスを展開するにあたっては、利用者それぞれが抱える情報ニーズを把握することが大事である。特に、サービスの枠組みを設計するにあたり、利用者の特性を知ること、場合によっては、サービス対象となる利用

者を特定化することは、利用者の情報ニーズをより深く把握することにつながる。ひいては、利用者の目的に応じたサービスが展開でき、利用者の満足度を高めることにつながる。その場合に有効となる手法が、マーケティング分野の手法として用いられる「セグメンテーション」である。

　セグメンテーションとは、市場細分化の意味であり、地域、顧客の属性、趣味嗜好、生活スタイルなどといった観点から顧客を細かく区分けし、同じニーズや性質を持つ固まり（セグメント）にまとめる。そして、対象をしぼり、特定の対象に応じた市場対策をとることである。図書館で利用者をセグメンテーションする場合、細分化する切り口の例として、人口統計的要因（年齢、性別、世帯規模）、地理的要因（地域の習慣、気候）、社会的要因（職業、学歴、所得）などが設定される。

　公共図書館の場合、設置自治体の状況を人口統計要因から調べることで、図書館の主な利用者層を把握することができる。また、国勢調査や住民登録台帳を見れば、住民が居住する地域、居住者が少ない地域も確認できる。国勢調査や住民基本台帳を通して年齢別人口も調べられるため、年齢でセグメント化することもできる。地域によっては、外国人の比率も注目に値する。地域間の特徴を知るには、総務省統計局のサイトで公開されている国勢調査などの結果が参考になろう。

　また、自治体が作成している各種計画や統計は地域の社会的実情や地域全体の将来性を把握するのに役立つ。地域住民がどのようなニーズを抱え、図書館がどのような情報サービスを提供したら効果的なのかが見えるだろう。

⑥　地域の課題解決と図書館の情報サービス

　2006（平成18）年3月に文部科学省が発表した『これからの図書館像―地域を支える情報拠点を目指して―』では、図書館の基本的な在り方の一つとして、「図書館はすべての主題の資料を収集しているため、調査研究や課題解決に際して、どのような課題にも対応でき、どのような分野の人々にも役立つ、また、

関連する主題も含めて広い範囲でとらえ、多面的な観点から情報を提供することができる」ことを示した。

　そして、現在、地域が抱えるさまざまな課題を地域にある資源を活用しながら、住民やNPO、市民活動団体などが自ら活動することでまちづくりを行い、地域を活性化する動きがかなり多く見られるようになった。公共図書館はまちづくりの活動の主体に対して課題を解決するための情報提供をしたり、図書館自身が実際にまちづくりに地域活性化に参画したりする関わる事例も出てくるようになった。その領域は、商業、産業、観光の振興といった地域経済に関するものから、市街地開発、地域特有の課題解消に向けた動きなど、幅が広がっている。いわゆる、「課題解決型」図書館の登場である。

　図書館は、資料や情報提供機能のほか、情報収集法のアドバイス、レファレンスサービス、さらには講座や相談会などの行事開催などを通して、課題解決に関わる。いわゆる図書館の情報サービスが生きている例である。

　図書館による課題解決支援の取り組みとして代表的なものは、鳥取県立図書館の他機関との連携を通した事例であろう。鳥取県立図書館（図1.2参照）はミッションの一つに、「仕事とくらしに役立つ図書館」を掲げ、仕事・地域活性化へ貢献するために、「図書館ビジネス推進事業」や「くらしに役立つ図書館推進事業」に取り組んでいる。そして、ビジネス支援サービス、医療健康情報の提供など行っている。

　また、図書館員が街に出て地域の課題を把握、多様な主体による協力を得ながら、課題に対処するためのサービスを展開している事例もある。岩手県紫波町図書館は運営三本柱の一つに「紫波町の産業支援をする」と掲げ、農業支援サービスを展開している。活動内容は、農業支援コーナーの常設、農業関連のデータベース講習会、企画展示、隣接する産直館でのレシピ本POPの設置、仕事や団体の垣根を越えて気軽にテーマを話し合う場「こんびりカフェ」といった非常に多岐にわたるものである。

　その際、課題解決型のサービスで最も重要な点は、他部署、他機関との協力連携である。鳥取県立図書館の場合、ビジネス支援サービスを展開する前に、

第Ⅰ部　情報サービスの準備

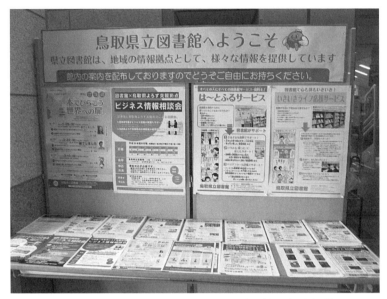

図1.2　鳥取県立図書館におけるサービス紹介の様子（編者撮影）

2003年4月より外部委員（商工会議所、財団法人県産業振興機構、県産業技術センター、県商工労働部、県農林水産部など）を委嘱してビジネス支援委員会を立ち上げて、仕事に役立つビジネス支援サービスのあり方を検討し始めた。委員会は人脈作りや具体的事業の検討提案で実績を残し、その後図書館は2004年4月よりビジネス支援事業を本格的に開始した。岩手県の紫波町図書館は、図書館開館後に、図書館員が農林課勤務経験のある上司を起点に、役場内の農林課、農林公社との連携を図り、その後意見交換会を開催した。双方とも、サービス導入／実施段階において図書館外部から知識を得ることで、サービスの方針や内容を少しずつ軌道修正しながら、サービスを展開している。

　日常的に図書館は外の部署と業務上の行き来が少ないため、組織内の他部署や他機関の存在は近くて遠い存在となりかねない。しかし、相手の信頼を得る上でも、「組織としてサービスに取り組む」姿勢を見せることは重要である。サービス策定においては、サービス自体を図書館計画の中に明確化させる、な

いし、サービスが図書館計画の方向性に沿うよう示すことも重要である。図書館が課題解決を中心とした情報サービスを展開するにあたっては、サービスに関連する情報の収集、関連組織との連携体制が重要となる。

課題解決を中心とした情報サービス展開のプロセスは次のような流れにまとめることができるだろう。

(1) 利用者／対象者を正しく把握する。
(2) 解決する課題を把握し、定義する。
(3) 図書館の目的を踏まえながら、図書館で活用可能な諸資源、保有技術を探る。
(4) サービス展開に関わる、組織内の他部署、他機関との連携を図り、関係づくりを行う。
(5) 課題解決のための情報サービスを実践する。
(6) 必要に応じて、利用者のサービスに対するニーズを把握し直し、サービス内容を変更する。

◆演習問題1　近隣の公共図書館（もしくは大学図書館）で行なわれている情報サービスの状況をまとめなさい。また、それに対しあなたの考える、改善方法をまとめなさい。

参考文献
国立国会図書館関西館図書館協力課編『地域活性化志向の公共図書館における経営に関する調査研究』（図書館調査研究レポート；15）　国立国会図書館関西館図書館協力課, 2014, 232p.

第2章 レファレンス情報源の評価と整備

1 情報資源の種類

　図書館では、図書館利用者に対応するために多種多様な形態や内容の情報資源を提供している。これらの情報資源はどれも、様々な情報を提供してくれる。レファレンス情報源とは「レファレンス質問の回答に利用される情報源」[1]である。レファレンス情報源は、図書館内と図書館外にそれぞれ記録情報源と非記録情報源という形で存在している。館内の記録情報源には、レファレンスコレクション、一般図書コレクション、逐次刊行物コレクション、インフォメーションファイル、自家製ツールがある[2]。この中でも、レファレンス情報源として利用頻度が高い情報資源が、レファレンスツールやレファレンス資料と呼ばれるものである。これらは冊子体のレファレンスブックを中心として、レファレンスコレクションとして構築されてきた。それが、コンピュータが進化し、ネットワークが発展する中で、CD-ROM や DVD-ROM のようなパッケージ型の電子メディアを経て、ネットワーク情報資源が取り入れられるようになってきた。かつては、館外情報源は所蔵しておらず、文字通り館外にあったわけであるが、現在では所蔵していなくてもネットワークを介してレファレンス情報源として提供できるため、記録情報源として整備する必要がある。ここで、レファレンスコレクションを考えるために、情報資源の種類を説明しておきたい。

---

1) 日本図書館情報学会用語辞典編集委員会『図書館情報学用語辞典』第4版, 丸善, 2013, p.255.
2) 長澤雅男, 石黒祐子『問題解決のためのレファレンスサービス』新版, 日本図書館協会, 2007, p.31-34.

1.1 一次資料と二次資料

なぜレファレンスツールがレファレンス情報源として活用されるのか確認したい。それは、レファレンスツールが「二次資料」だからである。二次資料は、オリジナルである一次資料を一定の方針をもって加工・編集した記録情報を指す。二次資料には、案内指示型のものと、事実解説型のものがある。案内指示型のもののみを二次資料と呼ぶこともあるが、ここでは事実解説型も含めて本章1.2節でその具体的な種類を確認する。

1.2 レファレンスツールの種類

(1)案内指示型

情報や情報源へのガイドの役割を果たすため、案内型ともいわれる。典型的な二次資料とされる。以下にその主なものを紹介する。

①書誌

書誌的事項を一定の配列方式によりリスト化したものである。書誌には一次的書誌（包括的、網羅的な性質を持つ）と二次的書誌（一次的書誌をもとに一定の基準から選定したもの）がある。文献目録、文献リストなどともいわれる。

②目録

所蔵情報をともなった書誌的事項のリストである。所蔵目録（特定の図書館の所蔵が対象）と、総合目録（複数の図書館の所蔵が対象）がある。目録として作成されることによって存在していることを意味し、所在指示機能を果たす。

③索引

情報資源の収録内容を対象に、情報資源もしくは情報へのアクセスの手がかりとして一定の配列方式で見出しのもとに所在を示したもの。書誌単位の索引と記録内容の索引とがある。

④抄録
　図書や雑誌論文の内容を簡潔に記述した要約。指示的抄録（趣旨をとらえて参照するか決定するために使用）と報知的抄録（比較的詳細な要約で原文献を参照しなくても内容が分かる）がある。

(2)事実解説型
　求めている情報自体を得ることができるため、回答型ともいわれる。濃縮情報源である。以下にその主なものを紹介する。

①辞典
　言葉や文字の意味や読みを記している。国語辞典や漢和辞典のような一般辞典や、方言辞典や難読語辞典のような特殊辞典がある。事典や字典と区別し、「ことばてん」といわれる。

②事典
　物や事柄について解説がされている。あらゆる分野を網羅している百科事典と特定の専門分野を対象に収録している専門事典とがある。辞典や字典と区別し、「ことてん」といわれる。

③字典
　文字について解説がされている。特に漢字を集めて、発音や意味などを説明するものが知られる。辞典や事典と区別し、「もじてん」といわれる。

④便覧（べんらん）
　特定の主題について、体系的に用語や事項の解説を実用的にしてあり、統計や実例、図や写真などが用いられている。ハンドブックや要覧、必携、ガイドブックなどの呼び名もある。

⑤年鑑

　特定の1年間を対象に、その年に起こったことや推移を1年ごとに刊行する逐次刊行物である。各省庁による年次報告である白書・青書もある。年報や要覧、便覧と呼ばれるものもある。

⑥図鑑

　特定の事柄について、図や絵、写真をメインにまとめたもの。形状や構造、色彩が確認できる。便覧にも図や挿絵は用いられるが図鑑の方の比率が多い。図録、図説、図集などといわれる場合もある。

⑦年表

　年代順や年月日順に、関連項目を列挙して解説をし、編年体で編成したものである。年代記や年譜、クロニクルと呼ばれる場合もある。歴史関係のレファレンスツールとして活用される。

⑧地図帳

　複数の地図を図書の形式にまとめたものである。一般地図帳の他にも専門地図帳があり、歴史地図帳、経済地図帳、交通地図帳などが挙げられる。地理関係のレファレンスブックとして活用される。地図帳のほかに一枚物の地図もある。

⑨統計

　統計調査の結果を広報することを目的にまとめたものである。基本的な統計をまとめたもの、分野を限定してまとめたもののほか、1年間の統計をまとめた統計年鑑もある。

1.3　情報資源の種類

　ここでは、各種情報資源について、媒体別の種類を簡単に確認しておく。

(1) ネットワーク情報資源
　①データベース：関連データを蓄積・統合し、検索機能を付加したもの。
　②検索エンジン：インターネットから Web ページを探すためのシステム。
　③ Web サイト：Web ページの集合。ウェブサイトともいわれる。

(2) 冊子体情報資源（紙媒体含む）
　①図書：文字や図表などが記載された製本された冊子で裏表の紙を除き、49ページ以上ある。
　②逐次刊行物：共通タイトルで、巻号数を追って終期予定なく継続刊行される。
　③パンフレット：図書よりページ数が少ない（48ページ以下）小冊子である。
　④リーフレット：折りたたんだだけの一枚もので2～4ページ程度である。
　⑤一枚もの：1枚だけの印刷物でチラシともいう。
　⑥クリッピング：記事などを切り抜いてファイルにしたもの。

2　レファレンスコレクションの形成

　レファレンスコレクションとは、「レファレンスブックを中心に、参照あるいは調査目的での利用に適した各種の資料すなわちレファレンス資料からなる一群の集書」[3] である。このコレクションの質が、レファレンスサービスの質に影響を及ぼす。そして、業務での利用のみならず、利用者が一次資料にアクセスするための探索に利用する環境を整備することにもつながる。コレクションの内容としては、案内指示型および事実解説型のレファレンスブック、CD-ROM や DVD-ROM のような電子メディア、ネットワークを使用するオンラインデータベース、リンク集としてまとめたインターネット情報資源、自館作成のレファレンスツールなどである。

---

3) 日本図書館情報学会用語辞典編集委員会『図書館情報学用語辞典』第4版, 丸善, 2013, p.255.

2.1 レファレンスコレクション形成の方針

レファレンスサービスで利用するために収集されている情報資源や情報源であるレファレンスコレクションは、図書館の規模や館種によって構成内容は異なる。なぜなら、予算や配架スペース、何より利用者の情報に対するニーズの違いがあるからである。レファレンスコレクションを形成していくためには、その方針が必要である。方針を作成するにあたり、議論されると想定されることは以下の通りとされる[4]。

(1)収集サービスの部署と意思疎通の方法
(2)サービス方針とコレクション構築の関係
(3)レファレンスコレクションの提供方法
(4)レファレンスコレクションの配架方法
(5)レファレンスコレクションの評価

2.2 レファレンスツールの選択

レファレンスコレクションに取り入れるレファレンスツールを選択する際は、図書館の館種と規模を念頭に置かなければならない。利用者の要求がコレクションに影響を及ぼすためである。選択は、通常の資料選択と同様に、見計らいや出版情報の確認といった手段を使う。さらに、レファレンスブックのガイドや書誌の書誌といった、いわゆる三次資料を活用することも有効である。これには『日本の参考図書』や『書誌年鑑』、『日本書誌の書誌』、『主題書誌索引』などがある。

さらに、レファレンスブックの要件を満たさなくても、自館でレファレンスコレクションに含めることが適切だと判断したのであれば、コレクションに取り入れてもよい。小規模図書館であれば、即答用コクレションにとどめて典型的なレファレンスブックのみ収集するが、中規模以上の図書館は利用者の情報ニーズに応えるために基本的なレファレンスコレクションを構築した上で、レファレンスブックが出版されない領域を索引の付いている一般図書でカバーす

---

[4] 大串夏身『レファレンス・サービス:実践とその分析』青弓社,1993,p.177.

る必要が出てくるためである[5]。

2.3　館種別のレファレンスコレクション

　先に述べた通り、レファレンスコレクションは利用者の情報ニーズを取り入れたうえで形成されなければならない。そこで例として、同じ教育を行う施設に附属しているものの、目的と利用対象者が異なる学校図書館と大学図書館のレファレンスコレクションのあり方を比較してみたいと思う。

(1) 学校図書館

　学校図書館は、小・中学生および高校生が主な利用者である。学校の教育活動における設備であるため、学校図書館法には「学校教育に必要な資料」で「学校の教育課程の展開に寄与する」ように明記されている。学校に通っている子どもたちは成長過程である。その発達段階を考慮しながら、問題解決能力を育成するための課題解決型学習に対応できる、専門的な知識をわかりやすくしたような情報資源が求められるため、百科事典や専門事典を中心にしたコレクションにする。子ども自身がコレクションを利用すること、子どもたちへのレファレンスサービスに対応できることも踏まえる必要がある。なお、学校図書館は予算や書架スペースに限りがあるため、館外情報源の確保を想定しておく必要がある。

(2) 大学図書館

　大学図書館は、大学および短期大学・高専に設置されている図書館である。利用対象には、まず学部生に対して学習支援を行い、大学院生や教員・研究者には研究支援を行っている。大学および大学図書館の規模と利用者の情報ニーズに応じたレファレンスコレクションを構築するわけであるが、利用される主題やレファレンス質問はある程度想定が可能である。図書館のコレクションは、

---

5) 長澤雅男, 石黒祐子『問題解決のためのレファレンスサービス』新版, 日本図書館協会, 2007, p.37-42.

学部に設置されている分野を中心に、所属する教員・研究者に対応した内容になっていることが理由である。研究機関でもあるため、専門的なレファレンスサービスへの要求も発生する。したがって、レファレンスコレクションは一般的なツールより少し専門性の高いものに加えて、より特定の分野に強い収集も求められる。

3 レファレンスコレクションの評価

3.1 ネットワーク情報資源の評価

ネットワーク情報資源は、コンピュータネットワークを通して利用できる情報資源を指す。Webサイトやオンラインデータベース、検索エンジンもこれに該当する。特徴としては、「(1)多様な表現形式を一元的に記録、伝達し、加工や再利用が容易、(2)パッケージ系メディアと通信系メディアの特徴を合わせ持つ、(3)情報の更新、移動、削除などが頻繁に行われ、存在が流動的、(4)WWWの普及に伴いハイパーテキスト構造を持つものが多く、情報が断片化すると同時に癒着しており、書誌的単位が不明瞭」[6]といった点がある。

ネットワーク情報資源の長所と短所は次のようなものが挙げられる。長所は、(1)オンラインの場合は随時更新された最新の情報を利用できる、(2)アクセスする端末の場所さえ確保すれば保存スペースは不要である、(3)複合検索などの多様な検索機能が提供される、(4)一つのシステムに多くの情報が登録可能で情報のリンクも張れるため、効率がいい検索ができるなどが挙げられる。一方短所には、(1)検索した情報のみ参照することになるため偶然の発見がない、(2)コンピュータを必要とし操作能力がないと利用できない、(3)冊子体情報資源よりも存在する主題範囲がまだ少ない、(4)利用料などの維持経費が発生する場合があるなどが挙げられる。

ネットワーク情報源の評価には次の観点がある。

---

6) 日本図書館情報学会用語辞典編集委員会『図書館情報学用語辞典』第4版, 丸善, 2013, p.193.

(1) 提供に関わる要素
　①制作・提供者：経歴や業績、継続性の信頼度　など
　②使用料：無料か有料か、定額制か従量制か　など
　③広告など：広告有無、広告提供者、広告の大きさ　など

(2) 内容に関わる要素
　①範囲の設定：主題範囲、利用対象者、情報量　など
　②更新頻度：定期更新か、最終更新はいつか　など
　③収録情報の信憑性：正確性、情報の典拠　など
　④管理：リンク切れがないか　など

(3) 操作性に関わる要素
　①検索：検索の種類、検索の難易度　など
　②表示：デザイン、見やすさ、見つけやすさ　など
　③利便性：サイトマップ、サイト内検索、ヘルプの有無　など
　④動作環境：動作環境は保証されているか　など

　ウィキペディアからネットワーク情報資源のあり方について少し考えてみたい。「フリー百科事典ウィキペディア」は、オンライン百科事典として多くの項目が登録されている。情報探索における入口として、情報やキーワードを得るためには大変有効である。しかし、誰でも自由に編集できるということが特徴であり、査読制度がないために典拠が不明であったり、情報が不正確であったりするため、掲載情報の信頼性が確かめられない。したがって、レファレンス情報源として示すには不適切である。そのため、改めて信頼できる情報源で調査しなおしてから情報を提示するようにすべきである。とはいえ、多くの情報がネットワークを介して提供されている現在、冊子体情報源よりも効果的に活用できる場面がある。行政機関や公共施設、公式のWebサイトでは正確か

つ迅速な情報提供をしてくれる。そして最近では、紙媒体で提供されていた更新頻度の高い情報はインターネット上での提供に取り替わっている。こういった形式で発信されている情報もレファレンスサービスに活用していきたい。

3.2 冊子体の情報資源の評価

レファレンスコレクションにおける冊子体情報資源は、「レファレンスブック」もしくは「参考図書」として、長らくレファレンスサービスにおいて活用されてきた。通読目的ではなく、目的の情報が得られる部分を参照することに特化している図書である。レファレンスブックには、「(1)既知の情報あるいはデータを収録している、(2)参照しやすいように編集されている、(3)冊子体の本である。」[7]という要件がある。

冊子体情報資源の長所と短所は次のようなものが挙げられる。冊子体情報資源の長所には、(1)通覧性があり、内容の拾い読みができる、(2)操作機器を必要としないため、単体での使用が可能、(3)ネットワーク情報資源よりも主題の情報資源が多様に存在する、(4)購入時のみに経費が発生するなどが挙げられる。一方短所は、(1)内容の更新が遅いために収録内容が陳腐化しがち、(2)大部なセットの場合は場所をとる、(3)検索方法が限られて時間がかかり、索引などを活用しないと情報を見つけられないことがある、(4)情報をたどる場合に情報資源を多数確認することが必要などである。

冊子体の情報源の評価には次の観点がある。

---

(1)製作に関わる要素
　①編著者：経歴、著作、業績、執筆者、編集歴　など
　②出版者：出版者の種類、出版歴、専門分野　など
　③出版年：出版年と情報の鮮度、改訂内容の比較　など

---

7) 長澤雅男, 石黒祐子『レファレンスブック：選びかた・使いかた』日本図書館協会, 2013, p.5.

(2) 内容に関わる要素
　①範囲の設定：主題範囲、時代範囲、収録地域　など
　②扱い方：均質さ、適切さ　など
　③項目の選定：項目の立て方（大・中・小）、項目数　など
　④排列方法：配列順序、拗音などの扱い　など
　⑤検索手段：検索の容易さ、目次、索引、参照　など
　⑥収録情報の信憑性：正確性、新鮮さ　など

(3) 形態に関わる要素
　①印刷：見やすさ（文字サイズ・字間・行間）、鮮明さ　など
　②挿図類：適切に表現されているか、鮮明度、色調　など
　③造本：造本の堅牢さ、利用しやすさ、背文字の明瞭さ　など
『レファレンスブックス：選びかた・使いかた』（長澤雅男, 石黒祐子著. 日本図書館協会, 2013）をもとに作成。

　印刷され冊子となった情報資源は、ネットワーク情報資源と比較して、典拠がはっきりとしているため信頼度が高くなるといわれる。印刷により、情報の定着を図る手段としても使われているため、体系的な知識を得ることに有効である。古くからある情報資源であるため、ネットワーク情報資源ではまだ遡及されていない情報も提供してくれる。

　このように、ネットワーク情報資源と冊子体の情報資源は互いに長所短所を補いあうことができるため、目的や状況に合わせて効果的に利用するよう心がけたい。

4　レファレンスコレクションの整備

4.1　レファレンスコレクションの配架

　収集されたレファレンスコレクションは館内に配架される。利用の利便性を

考えて、閉架へ配架することは避けたい。しかし、配架スペースの都合がある場合は、年鑑の過年度版や辞典の旧版なども含めて、しっかりと利用可能性を確認した上で書庫へ移動させる。多くの図書館がレファレンスコレクションを一般図書と離して別置する配架方法をとっている。レファレンスコレクションの配架方法には、分散方式（混架方式）、集中方式（別架方式）がある[8]。分散方式は、開架の一般図書に混ぜて分類記号順に配架する方式である。集中方式は、館内でレファレンスコーナーやレファレンスルームとして配架する方法である。所蔵数の少ない小規模な図書館では分散方式が多く、中規模な図書館からは集中方式が多い。分散方式は利用者が求める主題の書架で、レファレンスツールと一般図書を意識せずに利用できるため探しやすいと考えられている。集中方式は、レファレンスツールを集中的に利用することができ、効率のよい探索を可能にする。どちらが効果的な配架かは、自館の規模と利用者の利用行動を踏まえて決定する。

4.2　レファレンスコレクションの維持管理

　レファレンスコレクションの評価は、選択・収集時のみではなく継続的に行い、日常的に確認する必要がある。所蔵しているレファレンスツールが改訂されていないか、もしくはより適切なツールが出版されていないかを確認して必要があれば購入し、所蔵しているものを除架するか決定する。他にもレファレンスブックは高価であることが多いため、年度をまたいで計画的な購入をする場合もある。そのことも含め、本来あるべきコレクションが所蔵されていない場合は、確認をした上で購入をする。

4.3　自館作成のレファレンスツール

　レファレンスコレクションに加えて、自館でレファレンスツールを作成することは、レファレンスサービスを充実し、レファレンスコレクションを効果的

---

8) 田澤恭二編『レファレンスサービス演習』（新・現代図書館学講座；6）東京書籍，1998, p.161-163.

に活用するためにも必要である。そもそもレファレンスコレクションの内容は各図書館の規模や目的によって異なっている。一般的な主題ではなく、地域などの情報である場合は、自館にあったレファレンスツールが市販されていたり、他の機関によって作成されていたりするとは限らない。以下に自館作成のレファレンスツールについて紹介するが、レファレンスサービスの時に職員が活用するだけではなく、利用者が利用できるようにしておくとよい（第14章参照）。

(1) 書誌

　特定の主題や人物、事項に関する文献についての質問があることは十分想定される。そこで、社会状況や時事問題、利用者ニーズが高かったものなど、特定のテーマを設定し、文献目録や文献解題を作成する。

(2) 索引

　新聞や雑誌に掲載された記事は、地域レベルの索引があまり存在しない。そこで、地域に関する記事を事項ごとに分けるなどして、記事索引を作成する。その他、地域に限らず利用者のニーズに合わせた記事索引を作成してもよい。

(3) レフェラルサービスリスト

　レフェラルサービスにおいて、照会もしくは紹介できる類縁機関や専門機関、専門家を事前にリストアップしておく。

(4) パスファインダー

　ある特定のテーマに関する情報資源やその探し方を簡単にまとめたものである。通常、1枚ものやリーフレットとして作成される。利用者自ら掲載情報資源や情報源に触れられ、情報探索の幅を拡げることができる。

(5) クリッピング資料

　特定の主題や事件などについて、新聞や雑誌の記事を切り抜いて台紙に出典

を明記して利用する。主題別もしくは日付別に貼り付けたりする。スクラップブックやカード形式、袋に納めるなど、様々な整理のしかたがある。

(6)インフォメーションファイル

　単独では管理しづらいパンフレット、リーフレット、クリッピングなどをキャビネットやボックスなどにテーマごとに分類して入れ、必要な情報を取り出しやすく管理したもの。

◆演習問題2-1　各種国語辞典（『広辞苑』、『新明解国語辞典』、『日本国語大辞典』など）を比較し、それぞれの編集方針や収録内容、配列方法の違いについて比較しなさい。

◆演習問題2-2　最寄りの公共図書館や大学図書館、もしくは学校図書館について、そのレファレンス資料（レファレンスコレクション）の配架方法・方針はどのようになっているか確認しなさい。

◆演習問題2-3　最寄りの公共図書館の利用者層から想定される情報ニーズの傾向と、構築が求められるレファレンスコレクションの内容について分析しなさい。

第3章 レファレンスの受付とインタビューの技法と実際

本章では、レファレンスサービスにおいて利用者からの質問受付と質問応答の技法について扱う。特に初期の段階での質問者へのインタビューと質問応答に関するコミュニケーションの様子を具体的に見ていく。

1 レファレンスのプロセスとインタビュー

レファレンスの質問受付から回答までのプロセスをレファレンスプロセスという。レファレンスプロセスは、利用者が質問を表明した段階から始まり、レファレンス担当者による質問の内容の把握、情報源の探索とその結果を質問者に回答するまでの一連の処理過程のことである（図3.1参照）。

レファレンスプロセスでは、質問者（利用者）と応答者（レファレンス担当者）との相互のコミュニケーションを通じて情報ニーズを明確にする。質問者は何か知りたいと感じた時に、それを言葉にして応答者に伝える（①）。この時に発せられる質問をレファレンス質問と呼ぶ。しかし、レファレンス質問を受けたからといってすぐに調査が開始できるわけではない。まずは、質問内容の確認を行う（②）。質問者によっては知りたいことをうまく表現できていない恐れがある。そこで、質問者と応答者で質疑応答を繰り返して知りたいことを明確にする。これをレファレンスインタビューという。調べることがわかったならば実際に調査を始めることになる（③④⑤）。そして、無事に回答が導き出されたならば質問者に回答を提供する（⑥⑦）。しかし、回答を提示しても質問者が浮かない表情をしていたり、不満げならば、提示した回答が質問者のニーズに合致するものではなかった可能性がある。この場合は、レファレンスインタビューを行いながら適宜前の段階に戻り質問内容の再確認を行う。

第3章 レファレンスの受付けとインタビューの技法と実際

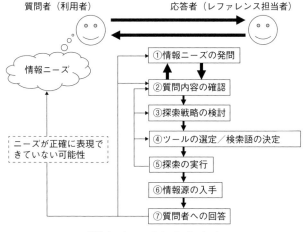

図3.1 レファレンスプロセス

　このように、レファレンスのプロセスにおいて最も重要なのはレファレンスインタビューである。もちろん、探索においてはさまざまなレファレンスツールを使いこなす探索スキルが必要になるが、質問者のニーズに合致した回答を示せなければ利用者は満足できないのである。

② レファレンスサービスの実際①
——レファレンスの受付——

2.1 レファレンスの受付方法

　受付の方法としては、直接図書館に訪れた利用者との対面による口頭での質問受付が典型的である。しかし、何らかの理由で図書館に訪れることのできない利用者もいる。多くの図書館では来館者だけではなく、電話、文書（手紙、FAX）のほか、電子メールによる受付を用意している。以下に、それぞれの方法に留意するべき事柄を見ていく。

(1)対面で質問を受ける場合の留意点

　来館者からの質問ならば、あいまいな点をその場で問うことができるので質

問内容の確認は比較的容易である。事例1は、カウンターにおけるレファレンスインタビューの例である。

事例1）レファレンスカウンターにおいて
利用者：すみません。人物について調べたいのですが。
図書館員：人物についてですね。お調べになりたい人物は、特定の人物になりますでしょうか？それとも、複数の人物についてでしょうか？
利用者：特定の人物についてです。
図書館員：わかりました。それでは、その人物について活動分野や時代など何かわかっていることがあれば教えてください。差し支えなければ、その人物の氏名がわかれば教えてください。
利用者：おそらく教育分野の人物で、明治時代に活躍した人物だと思います。氏名はわからないんです。
図書館員：わかりました。それでは、その人物については、どの程度詳しくお知りになりたいですか。例えば、事典レベルとか図書を一冊読みたいなど。
利用者：可能ならば、図書を一冊読みたいです。
図書館員：わかりました。少々お待ちください。

　この例ではインタビューの結果、質問者は人物について調べたいが氏名が不明ということがわかった。氏名がわかっていればそれをキーワードに探索が可能となるが、今回はその手法は使えない。しかし、インタビューを通じて「明治時代の人物」で「教育分野の人物」であることが分かったので、収録の範囲に明治時代の人物を含む教育分野の人名事典があれば、それを案内することが可能である。事典にはしばしば参考文献も添えられており、そこから具体的な図書を案内できる可能性がある。
　このように、対面で質問を受ける場合には問題解決の内容が明確になりやすい。ただし、質問をする際にはあまりにしつこく質問をしたり、尋問のような雰囲気にならないようにしたり留意する。一方で、必要なインタビューを省い

て質問を勝手に解釈すると質問者は質問をそらされたと思ってしまう。何をどこまで知りたいのかを丁寧にきちんと把握することが求められる。

(2)電話で質問を受ける場合の留意点

　電話での質問は、質問者が何らかの理由で来館できない場合にとられる。例えば、図書館から離れた場所に住んでいる場合や身体的な理由（身体が不自由、高齢など）により来館できないことが考えられる。その他にも来館するまでもない簡単な質問も電話で寄せられる。

　電話での対応では相手の声を頼りに質問内容を判断していくため、要点を聞き漏らさないようにメモを取る必要がある。日頃から上手にメモを取る習慣を身につけておくとともに、質問の確認をしやすいように確認事項を一定の書式にまとめた「質問受付処理票」（本章2.2で詳述）を用意する。

　電話での質問を受け付けたならば、即座に回答できる簡易な質問（例えば、書誌事項の調査や所蔵調査）の場合は、その場で回答することもある。しかし、回答に時間を要することが予想される場合には、猶予を求めて一旦電話を切るのが普通である。電話での応対では不必要に質問者を待たせないことが重要である。電話を繋いだまま長時間待たせるようなことがあると、その利用者は次からサービスを受けるのをためらうようになる。

事例2）所蔵確認の電話

図書館員：お電話ありがとうございます。○○図書館です。

利用者：もしもし。そちらの図書館に本があるか調べたいのですが。

図書館員：はい。わかりました。書名がお分かりになれば、こちらですぐにお調べすることができますが、お調べしましょうか？

利用者：はい。お願いします。○○○○○○という本です。○○○○という方が書いた本だと思います。

図書館員：はい。わかりました。もしわかればでよろしいですが、出版社といつごろに出た本かわかりますか？

利用者：出版社はわかりません。確か、昨年に出た本だと思います。
図書館員：わかりました。少々お待ちください。
図書館員：お待たせいたしました。本館で所蔵しております。
利用者：そうですか。それでは後日伺います。
図書館員：ご利用ということであれば、予約をしていただくとよろしいかと思います。ご利用登録はされていますでしょうか？
利用者：はい登録しています。それでは予約をお願いします。
図書館員：承知しました。それでは、お手元に利用者カードがありましたらバーコードに記されている〇桁の数字とお名前を教えてください。お持ちでなければお名前と生年月日を教えてください。
利用者：番号は〇〇〇〇〇〇です。〇〇〇〇と言います。
図書館員：〇〇様、承知いたしました。予約が取れましたので、図書館にいらした際にはカウンターで予約資料がある旨をお伝えください。本日はありがとうございました。

　利用者の登録情報を確認する際には、手元の端末で検索する際の入力ミスや同姓同名による他の利用者情報との取り違えを防ぐために、本人が確認できる複数の情報を照合する。事例2では、利用者カードの番号と氏名、または氏名と生年月日により確認している。
　また、事例3のように、回答内容によっては来館を促したり、文書による回答で回答したりすることが望ましい場合もある。例えば、図解、写真の提示など、視聴覚資料の内容を示す場合に電話では適切に回答できない。

事例3）詳細な探索が必要な場合
（2016年2月22日午前中に電話が鳴る）
図書館員：お電話ありがとうございます。〇〇図書館です。
利用者：もしもし。レファレンスサービスを利用したいのですが。
図書館員：はい。わかりました。ご質問はどのような内容でしょうか。

利用者：市内の歴史について調べたいのですが、そちらに資料があるか知りたいです。

図書館員：市内の歴史についてですね。そうしましたら、本館に所蔵している地域資料で調べられるかもしれません。ただ、詳細な調査となりますと、お電話ではお時間をとることになります。調査可能かお調べしますので、差し支えなければ、具体的にお知りになりたい事柄をお聞かせ願えますでしょうか。折り返しお電話いたします。

利用者：はい。市内にある〇〇遺跡について調べています。10年ほど前に市が行ったという発掘調査について当時の状況がわかる資料を探しています。

図書館員：承知しました。市が行った〇〇遺跡の発掘調査の資料についてですね。資料があるかお調べしますので、折り返しお電話してもよろしいでしょうか。お名前と連絡してもよろしいお電話番号をお聞かせください。

利用者：090-〇〇××-〇×△□。●● ●●（氏名）です。

図書館員：承知いたしました。担当〇〇がお受けしました。探索に時間がかかる場合であっても、本日の午後には一旦状況をお知らせいたします。

利用者：お願いします。

（探索後）

図書館員：もしもし。〇〇図書館です。●●様のお電話番号でよろしいでしょうか。

利用者：はい。

図書館員：●●様ご本人でいらっしゃいますでしょうか。

利用者：はい。

図書館員：〇〇図書館の〇〇です。午前中にご依頼いただいた調査の件になります。今お時間頂いてもよろしいでしょうか。

利用者：はい。お願いします。

図書館員：〇〇遺跡の発掘調査について、市の教育委員会がまとめた報告書が見つかりました。当時の発掘調査にについて、モノクロ写真とともに報告されています。その他にも、市が発行している遺跡を案内する観光パンフレットがあります。こちらにはカラー写真で発掘調査の様子が掲載されており、有益かもしれません。

利用者：是非利用させてください。どうすれば良いですか？

図書館：こちらの資料は来館いただければ、自由に閲覧することができます。申し訳ありませんが、館内のみで利用できる資料になりますので、貸出はできません。

> 有料となりますが、館内で複写することができます。来館された際には、カウンターに言っていただければ、必要資料についてご案内いたします。
> **利用者**：わかりました。後日伺います。ありがとうございました。

　なお、回答を保留し電話をかけ直す際に自宅へ連絡を行う場合には特に気をつけなければならない。質問者本人にとって他人に知られたくない内容の質問である可能性があるため、家人であっても質問内容を漏らすことは厳禁である。本人が不在の場合には原則こちらからかけ直すことが必要となる。

(3) 文書で質問を受ける場合の留意事項

　文書による質問受付には手紙、FAXなどが考えられるが、一般的に文書のみによる質問回答は難しい。その場では質問内容を掘り下げられないため、文面から質問の要領が掴めない場合には、知りたいことの把握が困難となる。このため、質問内容を確認する場合には、電話など他の手段が必要になる。

　この負担を軽減するためには、質問を寄せるのに必要な事項を様式にまとめた質問票があると利用者も要点を伝え易い。質問票は、基本的には「質問受付処理票」と同じもので構わない。館内の目につくところに設置するとともに、Webサイトからもダウンロードできるようにしておくと良い。

(4) 電子メールで質問を受ける場合の留意事項

　電子メールでの受付では、受付アドレスを公開して質問を受け付ける方法もあるが、Webサイト上に申し込みページ（メールフォーム）を作成して受け付けるのが良い。メールフォームでは、質問受付の条件・注意や記入上の必要事項を予め指定できる。例えば、鳥取県立図書館では「質問者区分」の項目を用意し、紹介する資料を選択する際の参考となるようにしている（図3.2参照）。

　メールでは、返信の形をとって質問者への質問内容の確認がすぐに取れる（事例4）。質問者が機器の扱いに慣れていれば繰り返し質問内容の確認ができ、

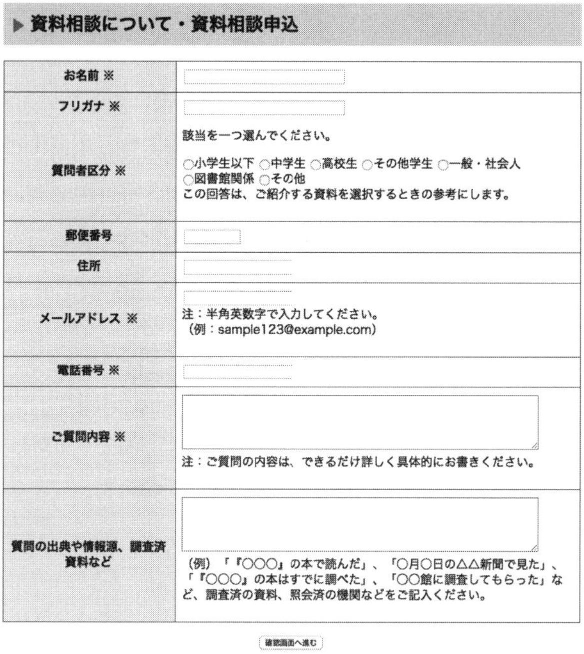

▶ 資料相談について・資料相談申込

お名前 ※	
フリガナ ※	
質問者区分 ※	該当を一つ選んでください。 ○小学生以下 ○中学生 ○高校生 ○その他学生 ○一般・社会人 ○図書館関係 ○その他 この回答は、ご紹介する資料を選択するときの参考にします。
郵便番号	
住所	
メールアドレス ※	注：半角英数字で入力してください。 （例：sample123@example.com）
電話番号 ※	
ご質問内容 ※	注：ご質問の内容は、できるだけ詳しく具体的にお書きください。
質問の出典や情報源、調査済資料など	（例）「『○○○』の本で読んだ」、「○月○日の△△新聞で見た」、「『○○○』の本はすでに調べた」、「○○館に調査してもらった」など、調査済の資料、照会済の機関などをご記入ください。

確認画面へ進む

図3.2　メールフォーム「資料相談について・資料相談申込」鳥取県立図書館

（出典）https://www.library.pref.tottori.jp/form/reference/form.html（最終確認日2016年７月27日）

双方のコミュニケーションも容易である。しかも質問者と図書館の双方に通信記録（ログ）が残るため経緯が確認でき、質問内容の確認や次担当者への引き継ぎが簡便である。また、記録がデジタル化されているため、質問内容の評価や再利用など、後の作業がしやすいこともメリットとなる。

このように、メールでの応答は質問者・図書館側双方にメリットが多く、館外からの質問受付手段として主流になっている。ただし、受付手段を限定することでコンピュータの扱いに慣れていない利用者がレファレンスの対象から外れることがあってはならない。そもそもレファレンスサービスには情報格差をなくす目的があるので、デジタル化を加速させることで利用者が置き去りとなれば本末転倒となる。

なお、メールの場合、例えば家族でコンピュータを共有しているような場合には本人以外に質問の内容が漏れてしまう可能性がある。状況に応じて利用者がメール以外の回答方法を選べるような項目を用意すると良いだろう。また、記載の不備により連絡が取れないことも起きる。例えば、電話での回答を求められたのに電話番号の記載が間違っている場合にはメールでの連絡が必要となる。この場合、メールでの連絡が利用者にとって不都合である可能性を考慮して、本文には詳細（レファレンスにかかっていることなども含めて）は記さず、折り返し連絡して欲しい旨のみを伝えるとよい。

事例4）メール問い合わせへの返答（メール返信を希望・確認事項がある場合）

件名：【○○市立図書館】お問い合わせの件について（ご確認）

○○さま

○○市立図書館の○○と申します。

この度は、当館のレファレンスサービスにお申し込みいただきありがとうございます。

ご質問にあった項目について、恐れ入りますがいくつかご確認させていただければと思います。

（中略）

以上について、ご回答をよろしくお願いいたします。

2.2 質問受付処理票

(1) 質問受付処理票の作成

　質問受付処理票（図3.3参照）は、主として質問内容の確認のために用いられる。利用者のニーズを把握するためには、必要な事項についてインタビューを行い、その内容を正確に聞き取り記録（第15章参照）する必要がある。しかし、例えば口頭で尋ねられた場合には同音異義語や誤った読み方をされた言葉があると質問内容が正確につかめない。応答者は確認をとりながら処理票にメモを

取り、必要に応じて質問者に記入してもらう必要がある。このほかにも、処理票は質問事項の申し送りにも使われる。担当者が単独で一つの質問を処理するとは限らないため、他の担当者との分担や次担当者への引き継ぎには口頭の連絡だけでは間違いが起こりやすいので記録を確認する。こうすることで、既に前の担当者が質問した内容を繰り返すといった失敗を避けられる。

　また、レファレンスでは多種多様な質問が寄せられるが、それらの中には類似の質問も多い。そうした質問に対しては、以前の質問回答の記録が残っていれば参照できる。

(2)質問受付処理票の記載事項

　質問受付処理票は、利用者に書き込んでもらうこともあるのでわかりやすい表記が求められる。ただし、あまりに簡略すぎては役に立たず実用的ではない。そこで、おおよそ盛り込んでおいたほうが良い事項には、①質問者に関する事項、②質問内容、③回答内容、④処理経過に関する事項、などがあげられる（章末に書式の例を付し、他に第15章にも別の書式を付しておく）。各々の館の性格や事情に沿って適切な項目を設定すれば良いが、質問事例を図書館Webサイトに公開するとか、国立国会図書館の「レファレンス協同データベース」のガイドライン（http://crd.ndl.go.jp/jp/library/guideline.html〈最終確認日2016年2月23日〉）に準拠するなど、事後の利用目的にも応じた設計にするとよい。

①質問者に関する事項（回答に必要な連絡先）

　（ア）氏名・利用者ID、（イ）連絡先が必要となる。その場で即答できない質問があることを考慮して質問者の情報は必須となる。（イ）については、自宅の電話番号や個人の携帯電話、勤務先などとなる。基本的には回答のために連絡が取れる最低限の連絡先がわかれば良い。個人情報を取得するので、利用目的をきちんと伝えることが必要である。

②質問内容に関する事項（質問内容の把握）

　図書館員が聞き取った内容を記入するほか、利用者に書き込んでもらうことがあるため質問項目はできるだけ具体的なものにする。（ア）質問内容、（イ）探索の範囲、（ウ）調査済みまたは既知の事項、（エ）その他のヒント、を記録する。

　（ア）は、具体的な調査項目をあげておくと探索がしやすくなる。例えば、所蔵・所在、書誌事項、言葉、事象、統計、人物・団体、地理、郷土などである。あまり項目をあげすぎると利用者にとっては煩雑となるため、細かな事柄はインタビューを通じて担当者が書き込むと良い。（イ）は、文献情報の探索や文献リストの提供を行う場合に、求める情報の範囲として「発行時期（発行年）」「文献の種類」「使用言語」を明確にしておくと探索に無駄が生じない。発行時期は、最近の文献のみか過去数年にわたる文献か、文献の種類は、図書、雑誌、新聞などのうちどの資料について調べるか、使用言語は、日本語文献か外国語を含むかといった要望である。（ウ）は、探索の重複を防ぐために、利用者が事前に調べたことや知っていることについて記入する。質問者が部分的にでも知っていることがあれば探索の目安となる。（エ）は、例えば、質問事項について何に書かれていたのか、どこで聞いたのか、どのような文脈で問題になったのかといった情報である。こうした情報も探索の方向を検討する際のヒントとなる。ただし、質問内容にはプライベートな事柄が含まれることもあるので、無理に聞き出そうとすることはしてはならない。

③回答内容（調査結果と回答プロセスの記録）

　質問内容が複雑になるほど回答内容が増えるため、質問受付処理票の裏面や別紙に記入できるスペースを確保すると良い。回答内容には参照した情報源のほか、回答プロセスを詳細に記入する。

　参照した情報源は、書誌情報とともに所在を記録する。館内資料であれば請求記号など、他館の資料を用いたならば館名と請求記号などを明記する。非記録の情報源として、例えば他機関への電話での問い合わせを行ったならば、問

第3章　レファレンスの受付けとインタビューの技法と実際

```
┌─────────────────────────────────────────────────────┐
│                   質問受付処理票                      │
│  受付日時：　　　年　月　日                           │
│  受付方法：　対面　電話　文書(FAX・手紙)　メール　その他(　　)│
│                                                     │
│ ※太枠内のみご記入ください。                          │
├──────────────────────┬──────────────────────────────┤
│ 氏名                 │ 利用者ID                      │
├──────────────────────┴──────────────────────────────┤
│ 連絡先 (質問内容の確認のため、ご連絡させていただくことがあります)│
│ (自宅・個人)           │ (勤務先・部署等)              │
│ 電話                  │ 電話                         │
│ FAX                   │ FAX                          │
│ Eメール                │ Eメール                      │
├─────────────────────────────────────────────────────┤
│                   質問の内容                         │
│ ●お聞きになりたいことに該当するものを○で囲み、その内容を具体的に記入してください。│
│   図書・雑誌　言葉　事業(出来事・歴史)　統計　人物・団体　地理　郷土　その他(　　)│
│                                                     │
│                                                     │
│ ●既にわかっていることや調査済みの事柄があれば記入してください。│
│                                                     │
│ ●その他、探索のヒントになりそうなことがあれば記入してください。│
│                                                     │
│ ●以下は、具体的な資料を求めている場合に記入してください。(該当するものに○を付けてください)。│
│   求める文献等の種類　図書　雑誌　新聞　その他(　　　)│
│   探索範囲　最近1年以内のもの　過去　年刊のもの　その他(　　)│
│   使用言語　日本語　英語　その他(　　　)              │
├──────────────────────┬──────────────────────────────┤
│ 回答期限              │ 回答方法                     │
│   年　月　日　午前・午後│ 対面　電話　文書(FAX・手紙)　メール　その他(　)│
├─────────────────────────────────────────────────────┤
│ 回答内容・回答プロセス (書ききれない場合には、裏面に記す)│
│                                                     │
│                                                     │
│                                                     │
├──────────────────────┬──────────────────────────────┤
│ 処理状況              │                              │
│ 処理中・状況          │ 処理済み                     │
│    年　月　日(　　　) │    年　月　日                │
│    年　月　日(　　　) │                              │
│    年　月　日(　　　) │ 担当者サイン                 │
│ 回答不能              │                              │
│ (理由：　　　　)       │                              │
└──────────────────────┴──────────────────────────────┘
```

図3.3　質問受付処理票

い合わせた機関の名称、確認日、相手先の担当者名を記録する。インターネット情報資源を用いたならば、WebサイトではURL（アクセス日を含む）、サーチエンジンを使用したならば検索に使用したキーワードや検索式も記録する。

　回答プロセスには、上記の情報源の使用順とともに探索の道筋を記録する。回答手順をいつでも確認でき、探索を再現できるように丁寧に記録する。

④処理経過に関する事項

　（ア）担当者の氏名・サイン、（イ）受付日時と方法、（ウ）回答方法、（エ）回答期限、（オ）処理状況、を記録する。（ア）は、担当責任を明らかにするだけでなく、後日の再調査や引き継ぎに必要となる。（イ）は、質問受付の日時と受付方法を記録する。（ウ）は、質問者が希望する回答方法を記録する。受付と回答の方法が一致するとは限らない。例えば、書誌事項を問う質問に対しては電話での質問にFAXや電子メールで回答することを求められることがある。（エ）は、回答に時間を要する質問で期限を区切る場合に記入する。質問によっては、その期限を過ぎて回答したのでは無意味となってしまう恐れがある。（オ）は、質問の処理状況を記す。処理中なのか、処理済みなのか、回答不能な問題なのかといった状況・経過を記録する。

3　レファレンスサービスの実際②
――インタビューの技法――

3.1　インタビューの技法

(1)インタビューと探索戦略の検討

　レファレンス質問に対して適切な回答を導き出すためには、十分に探索戦略を検討することが必要となる。レファレンスプロセスにおいて「探索戦略の検討」は「質問内容の把握」の次に位置しているが、実際には、ある程度レファレンスインタビューと同時進行で行われる。インタビューによる質問者とのコミュニケーションの中で探索のキーとなる事柄を聞き出し、質問を分析し、質問の内容・範囲などを見定めて問題点を明らかにし、仮説を立てながら問題の

解決のために利用できるレファレンスツールを選定するのである。

(2)質問内容の分析

　レファレンスインタビューでは、質問内容を確認しながらその質問を疑問文の形に表現し直して問われている内容を明確にする。このようにしてできた疑問文の形を「設問」という。質問によっては、一つの質問から二つ以上の設問が作られることもある。

事例5）レファレンスインタビューと質問内容の分析
利用者：すみません。言葉の意味について調べたいのですが。
図書館員：はい。どのような言葉になりますでしょうか。日本語、専門用語、外国語など、大きなくくりで構いません。
利用者：外来語のようなのですが。
図書館：外来語ですね。そうしましたら、外来語の辞書をご案内することができます。
利用者：いくつか既に調べてみたのですが、載っていませんでした。
図書館員：そうですか、失礼いたしました。それでは、お調べの内容をもう少し具体的にお聞きしてもよろしいでしょうか。
利用者：はい。「カウチポテト」という言葉の意味を知りたいです。
図書館員：はい。「カウチポテト」ですね。その言葉について、何かヒントになりそうな事柄はありますでしょうか。既にお調べになった資料についても教えていただけると助かります。
利用者：先ほど調べたのは『〇〇〇〇』です。少し古い資料だから載っていないのかもしれません。あまり古い言葉ではなさそうです。あ、英語の綴りも知りたいです。
図書館員：承知いたしました。それではお調べしますので、少々お待ちください。

　事例5のインタビューから取り出される設問は以下の二つになる。

第Ⅰ部　情報サービスの準備

> 【設問A】「カウチポテト」とはどういう意味か?
> 【設問B】「カウチポテト」の英語の綴りは何か?

　ここからそれぞれの設問に対して何が問われているのかを分析していく。その際にポイントとなるのが、①何について、②どんなことを調べるかである。

> 【設問A】
> ①何について（キーワード）・・・カウチポテト
> ②どんなことを調べるか（探索事項）・・・意味
> 【設問B】
> ①何について（キーワード）・・・カウチポテト
> ②どんなことを調べるか（探索事項）・・・英語の綴り

　ここでの「何に」に相当するものが探索のキーワードであり、レファレンスブックの索引やデータベースを検索する際の「検索語」となる。また、これらの設問については、インタビューを通じて以下の重要な探索のヒントが得られた。

> 【探索のヒント】あまり古い言葉ではないようだ。外来語のようだが所蔵していた外来語辞典は古く、載っていなかった。

　このように、インタビューを通じて得た情報から調べることを明確にする作業が質問内容の分析である。
　なお、【設問A】は「カウチポテト」の「意味」を調べるならば、辞典（辞書）を引くことになる。【設問B】についても、辞典であるならば元綴を確認

できる可能性がある。しかし、実際に調べようとすると辞典にも色々な種類がありそれぞれに特徴を持つことがわかる。例えば、古くからある言葉ならば一般的な国語辞典や今回の場合では外来語辞典に載っている可能性がある。一方、新しい言葉ならば出版年によっては外来語辞典にはまだ採録されていないことも考えられるため、新語辞書を引くことも検討する。より具体的な探索事項別の詳細な探索方法については次章以降を参照されたい。

3.2　コミュニケーションの失敗

　利用者は図書館に来館して質問するだけでなく、電話、手紙、FAX、メールなど様々な方法で質問を寄せる。すでに述べたように、一般的に対面や電話以外の場合には質問者の情報ニーズを正確に把握することが難しい。こうした難しさが元々あることに留意して、その中で最も適切な対応ができるような対策をとることが必要である。例えば、質問受付処理票やメールフォームの項目を工夫することがあげられる。

　それでは、対面であれば質問内容の確認は必ずうまくいくのだろうか。対面で質問を受け付ける場合であっても、質問内容が思い通りに伝わらずにインタビューが失敗することがある。レファレンス質問は質問者が図書館員に質問内容を伝えることによって成立するため、的確な回答を得るためには質問者は「本当に知りたいこと」を伝え、かつ図書館員はそれを誤りなく把握しなければならない。すなわち、レファレンスインタビューの失敗とはコミュニケーションの失敗とも言える。その原因は、質問者側、図書館側のそれぞれにある。

(1)質問者側の問題（傾向）

　自分でもよくわからないことを的確に相手に伝えることは難しい。以下に利用者の主な傾向を示す。こうした傾向があることに留意して図書館員は丁寧に対応することが求められる。

①図書館やレファレンスサービスに対する理解の不足

図書館に不慣れな利用者ならば、情報ニーズを抱えて図書館に訪れたとしても、こちらから「何かお調べしましょうか？」と声をかけないと、そもそもレファレンスが始まらないことがある。そして、レファレンスサービスを知らなければ、カウンターに案内したとしても些細な問題を尋ねることの気恥ずかしさや、他人に尋ねることへの抵抗感もあって思うように質問が表現できないことも考えられる。

また、利用者は大規模な図書館であればコレクションが豊富なのであらゆる質問に回答してもらえると考える一方で、コレクション数の少ない小規模な図書館では役立つ情報は得られないと思いがちである。小規模な図書館は大規模な図書館に対してコレクションが少ないことは事実であるが、より規模の大きい近隣の図書館や都道府県立図書館に協力レファレンスを依頼したり、レフェラルサービスを展開したりすることも可能である。

②曖昧に尋ねる

質問を発した際に、遠慮がちにあるいは曖昧に質問をすることがある。例えば、本心では「イタリアの公共図書館で働いている司書の数」を知りたいのに、実際に発する質問は「図書館について調べているのですが……」という具合である。この場合、単に「図書館」を示す書架に案内しただけでは質問者は満足のいく情報が得られない可能性がある。複雑な質問になると要点のみを伝えようとして簡略化して尋ねることで質問事項の全体が伝わらないことがある。インタビューでは、質問者の表情や口ぶりなどを観察しながら丁寧に対応することが求められる。

③質問事項に関する思い違い

ある程度知っていると思っていたことが勘違いだとしたら、本当に知りたいことを解決するのは容易ではない。例えば、「昨年出版された本の出版点数と、出版された本の内容がわかる資料が欲しい」といった質問が寄せられたとする。そこで、昨年の出版状況や出版された図書の概要のわかる資料（例えば『出版

年鑑』)を案内したとしよう。しかし、質問者が本当に知りたいことは「昨年起きたある出来事について書かれた本がたくさん出版された。それが出版状況にどのような影響を及ぼしたのか？」だったとする。そして、実はその出来事が利用者の思い違いで一昨年の出来事だったとしたら、質問者は満足する回答は得られないだろう。このように、ある出来事が質問のきっかけになっている可能性もある。インタビューを通じて質問の動機なども適宜確認しながら探索を進めることが求められる。ただし、質問内容によってはプライベートな出来事に関わることもあるため、無理に聞き出そうとしてはならない。

④職員に対する信頼感

　利用者が図書館に慣れていないと自分が尋ねたことを他人に口外されるのではないかと心配することも考えられる。そうなると、質問の核心を明らかにすることを避けがちになる。図書館は利用者の秘密を守ることを責務としていることを積極的に周知しておきたい。

(2)図書館側の問題

　図書館側としては、応接態度と探索能力に関する問題がある。レファレンス質問はカウンター以外でも日常的に館内の至る所で寄せられるため、質問を受けた場合には図書館員ならば誰もが適切な応対をし、必要なサービスをするよう努めなければならない。図書館員の応接態度として心がけておきたい事項としては、①他の作業中でも忙しい態度をとらない、②質問を受けることを避けるようなそぶりを見せない、③質問者の見た目や態度によって軽々しい態度をとらない、④要領を得ない質問に対しても丁寧に対応する、などである。要は、しっかりとしたサービス姿勢を持って対応することが重要となる。

　また、丁寧に対応したとしても探索能力に習熟していないと、質問者を失望させることになる。あらゆる情報資源を用いた情報探索能力を身につける必要がある。しかし、レファレンスではありとあらゆる質問が寄せられる。質問の一般的な傾向は掴めても、個別には何が問われるか全く予想がつかない。した

がって、いくら経験豊かな図書館員でも自分の知らない領域の問題について質問を受けることになる。仮に回答に窮する質問が寄せられたとしても、知ったかぶりやごまかしは図書館の信頼を損なうことになるためしてはならない。

◆演習問題3-1　本文中の事例3について、図3.3の質問受付処理票を記入しなさい。回答内容欄は記さなくて良い。

◆演習問題3-2　ペアを組み、実際に質問を受け付けて質問受付処理票を記入しなさい。また、その様子を会話形式で書き起こしなさい。なお、質問は本書第Ⅱ部のいずれかの章の演習問題を用いて構わない。回答内容欄は記さなくて良い。

参考文献

長澤雅男, 石黒祐子『問題解決のためのレファレンスサービス』新版, 日本図書館協会, 2007, 294p.

日本図書館協会「図書館の達人：司書実務編. 第1巻レファレンス」(DVD), 紀伊國屋書店, 2009.

第4章　情報探索の技法

1　コトバの選び方

情報の検索において重要なことの一つに、言葉の選択がある。

検索を行うときに使用する言葉を検索語、もしくはキーワードという。マニュアル検索ではこの検索語をレファレンスブック（参考図書）の索引や見出し語の項目から見つけ出すことで情報を得ることができる。また、コンピュータ検索では検索語とデータベース中の索引語が一致することで情報を絞り込むことができる。マニュアル検索、コンピュータ検索、いずれの検索方法であっても、どのような言葉を検索語とするかによって検索の結果が変わることになる。このためどのような言葉を検索語とするのか、またどのような言葉を検索語として選ぶことができるのかを知ることは、レファレンスブックやデータベースの扱い方と同様に重要になる。

ここでは検索語について、自然語と統制語に分けて紹介していく。

1.1　自然語による検索

情報検索を行うときに検索語として用いられる言葉には、人名や商品名、会社名などのような固有名詞、文章中での表現、日常使用している言葉などがある。このように言葉に対して統制が行われていない状態のものを自然語と呼び、自然語を用いた検索を自然語検索という。自然語検索では、思いついた言葉で検索することが可能であること、新語や固有名詞にも対応できるという利点がある。また、言葉を検索語として使用する上でとくに制限がないため、一般的に用いられることが多い。一方で、言葉は人によって様々な定義や概念、表現方

法や使い方があるため、使用する検索語によっては原情報の著者や索引語を付与する側との差異が生じ、本来であれば該当するはずの情報が漏れてしまうというような問題も生じやすい。このため検索語としてより的確な言葉を使用すること、また同義語や関連語など事前にできるだけ多くの言葉を収集しておくことが必要になる。このような自然語検索のための検索語の選択方法を以下に紹介する。

(1) 同義語

　同じ概念を表すいくつかの言葉を同義語という。例えば、「本」「図書」「書籍」「冊子体」「書物」のように異形異音であるが、いずれも同じ概念を表しているものを指す。このような同義語には表記のゆれや外来語、略語などいくつかの種類がある。

① 表記のゆれ

　表記のゆれとは、同じ意味を持つ言葉について、表記が混在していることを指す。

　　例）智慧・知恵、日蝕・日食（代用漢字の表記ゆれ）
　　　　国・國、桜・櫻（異体字の表記ゆれ）
　　　　貸出・貸出し・貸し出し（送り仮名の表記ゆれ）
　　　　猫・ネコ・ねこ（漢字と仮名、ひらがなの表記ゆれ）
　　　　バイオリン・ヴァイオリン、メモリ・メモリー（外来語の仮名表記ゆれ）

② 和語と漢語と外来語

　和語とは、日本固有の言葉で大和言葉とも呼ばれ、訓で読まれる言葉である。そして、古く中国から伝来し日本語になった言葉で、音で読まれる言葉が漢語である。外来語とは、外国から入ってきた言葉の中で漢語以外の言葉を指し、仮名で表記される言葉である。一般的に日常会話やテレビのニュースでは和語が、新聞など書き言葉では漢語が使用されることが多い。

例)（和語・漢語・外来語）
　　　決まり・規則・ルール
　　　手引き・案内・ガイド

③略語と完全表記

　完全表記の一部分を省いて短くした言葉が略語である。検索の際には略語だけではなく完全表記に直した言葉も使用するとよい。ただし言葉によっては、完全表記よりも略語の方が広く一般に用いられていることもある。

　例)（略語・完全表記）
　　　ISO・国際標準化機構・International Organization for Standardization
　　　N響・NHK交響楽団

④一般語と学術用語

　学術用語とは一般の言葉と比較して、学問分野における専門用語である。

　例)（一般語・学術用語）
　　　盲腸・虫垂炎
　　　流れ星・流星

(2)上位概念と下位概念の言葉

　最初に選択した言葉だけではなく、より広い上位の概念による言葉や、より対象に特定した狭い下位の概念による言葉を使い分けることで情報を入手する可能性が広がることがある。

　例)（上位概念にある言葉　←　選択した言葉　→　下位概念にある言葉）
　　　図書館　←　学術図書館　→　大学図書館
　　　哺乳類　←　犬　→　柴犬

(3)分かち書きの方法

　ある概念を検索語に置き換えるときや、言葉の選択を行うときに役立つ手法

の一つに分かち書きがある。分かち書きとは、文章を単語分割し、区切りとしての空白を挿入するものである。日本語の文章は、英語の文章などとは異なり、スペースによって単語の区切りがない。そこで文章を解析し、単語ごとに分割を行うことにより、文章中から検索語となり得る言葉を取り出すことができる。分かち書きの方法としては、まず文章を意味が分かる最少の単語ごとに区切ることから始める。次に分かち書きされた単語のうち、検索語として不要な語を除く。この不要な語とは、助詞や接続詞、動詞などである。不要な語を取り除いた後に残った単語を、検索語になり得る語として取り出していく。分かち書きの例を図4.1に示す。

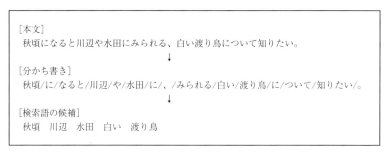

図4.1　分かち書きの例

(4) 参照の利用

事典類の索引などに見られる「を見よ」や「をも見よ」などの表示を参照と呼ぶ。参照をたどることによって事典類で採用されている索引語を知ることができ、また最初に検索語として選んだ以外の言葉を得ることができる。

1.2　統制語

統制語とは、言葉の意味範囲や使用方法が規制された言葉である。例えば、礼儀という言葉には行儀、作法、礼節、マナーのような同義語がある。この同義語の中で代表的な言葉を統制語という。自然語検索では、あらかじめこのような同義語を調べたうえで検索語として用いなければ、検索漏れを生じることがある。しかし統制語を用いた検索では、他の同義語は統制語として統一され

るため、検索漏れを回避することができる。つまり礼儀という言葉を統制語とした場合、行儀、作法、礼節、マナーという同義語は礼儀と統一され、礼儀を検索語とするだけで他の同義語を網羅した検索を行うことができる。

　このような統制語は件名標目表やシソーラスという統制語リスト（統制語彙集）によってまとめられており、また同義語中の代表となった統制語を一般にディスクリプタ（優先語）、それ以外の同義語を非ディスクリプタ（非優先語）という。

　ここではシソーラスを例に紹介する。

(1) シソーラスの構成

　シソーラスとは、情報検索や索引作業を行うときに用いられる統制語の用語リストである。シソーラスを用いることで、言葉の適用範囲や同義語の統一、階層関係、関連関係にある言葉を明確にし、一覧することができる。その構成としては、ディスクリプタ、非ディスクリプタ、SN などからなる。「SN」とは、「Scope Note」の略であり、ディスクリプタの意味範囲や使い方を限定する注記である。シソーラスの一例を図4.2に示す。

　図4.2（a）では「ユリ」が見出し語、つまりディスクリプタであり、それに関連のある言葉がその下に記されることになる。

　「UF」とは、「Used For」の略で「～の代わりに使用しなさい」という意味をもつ。複数の同義語が存在するときに、代表となるディスクリプタに統一させるために用いられ、「UF」の後に記される言葉は非ディスクリプタとなる。この例では、「百合」「ゆり」「リリー」（非ディスクリプタ）の代わりに見出し語の「ユリ」（ディスクリプタ）を使用しなさいという意味になる。非ディスクリプタについては、二つ目の見出し項目の例のように、「USE」を用いて表す。「USE」は「～を使用しなさい」という意味をもち、この例では、見出し語の「リリー」ではなく「ユリ」をディスクリプタとして使用しなさいという意味になる。「UF」、「USE」はともにディスクリプタと非ディスクリプタの同義語関係を指示するために用いられる対の記号である。

第Ⅰ部 情報サービスの準備

```
ユリ
    UF   百合
         ゆり
         リリー
    BT   ユリ科
    NT   ヤマユリ
         シラユリ
         オニユリ
         スカシユリ
    RT   ヒヤシンス
         チューリップ

リリー
    USE  ユリ
```

図4.2（a）

```
ユリ科
    SN   被子植物のひとつで
         単子葉植物
    BT   球根植物
    NT   ユリ
         チューリップ
         ヒヤシンス
         ムスカリ
    RT   ヒガンバナ科
         アヤメ科
         ラン科
```

図4.2（b）

UF：非ディスクリプタの代わりに、見出し語の使用を指示
USE：見出し語ではなく、ディスクリプタの使用を指示
SN：見出し語の意味範囲、使用法を限定する注記
BT：見出し語の上位語を示す
NT：見出し語の下位語を示す
RT：見出し語の関連語を示す

図4.2　シソーラスの例

　次に「BT」は、「Broader Term」の略であり、見出し語であるディスクリプタの上位概念の語（上位語）を意味する。この例では、「ユリ科」は「ユリ」の上位概念、つまり「ユリ」は「ユリ科」に含まれるディスクリプタであることを示す。同様に「NT」は、「Narrower Term」の略であり、見出し語であるディスクリプタの下位概念の語（下位語）を意味する。この例では、「ヤマユリ」「シラユリ」「オニユリ」「スカシユリ」は「ユリ」の下位概念、つまり「ユリ」に含まれるディスクリプタであることを示す。「BT」、「NT」はともに見出し語であるディスクリプタの階層関係にあるディスクリプタを指示するために用いられる記号である。この例では「ユリ」を見出し語としているが、「ユリ科」を見出し語とした場合には「ユリ」が「NT」に位置するディスクリプタとなり、「ヤマユリ」を見出し語とした場合には「ユリ」は「BT」に位

置するディスクリプタとなる。図4.2（b）に「ユリ科」を見出し語にした例を示す。

次に「RT」は、「Related Term」の略であり、見出し語であるディスクリプタの関連関係にある言葉（関連語）を意味する。この例では「ヒヤシンス」「チューリップ」は「ユリ」の関連語となる。

このようにシソーラスは、言葉の意味と他の言葉との関係を整理したものであり、これを参照することにより、検索語の選択の幅を広げることができる。その反面、新しい概念に対しては次の改訂まで対応されないため、タイムラグが生じる問題があることに留意する必要がある。

2 ネットワーク情報資源の検索

ネットワーク情報資源の検索とは、膨大な情報の蓄積の中から、入力した検索語に合致する情報を取り出し、目的とするもの以外の情報を除いていく作業である。このとき検索語を一つだけ使用して検索を行うワンタームサーチ（one term search）では、検索結果となる情報を絞り切れず、また不要な情報が多く含まれるだろう。そこで複数の検索語を使用し、さらなる情報の絞り込みが必要となる。ここでは、複数の検索語を組み合わせる方法を紹介する。

2.1 論理演算と論理演算子

情報検索を行うとき、複数の検索語を組み合わせることで、検索結果をより絞り込むことができる。複数の検索語を組み合わせて検索を行うには「論理演算」を用い、検索語を組み合わせるためには「論理演算子」と呼ばれる記号を用いる。論理演算子は一般に、論理積（AND）、論理和（OR）、論理差（NOT）がある。これらの論理演算子は図4.3のような集合の形で表現される。

(1)論理積（AND 検索）

論理積は、二つの検索語を両方ともに含む情報のみを検索したいときに用い

第Ⅰ部　情報サービスの準備

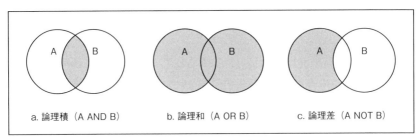

図4.3　論理演算の種類

られ、ANDの記号で結ぶため、AND検索とも呼ばれる。例えば「京都」の「天気」について知りたいという情報要求があったとき、「京都 AND 天気」という検索式を作ることで、「京都」と「天気」の両方を含む情報が得られる。論理積を用いることによって、検索語に対する情報を絞り込むことができる。

(2)論理和（OR検索）

　論理和は、二つの検索語のうちどちらか一方、あるいは両方の検索語を含む情報を検索したいときに用いられ、ORの記号で結ぶため、OR検索とも呼ばれる。例えば「森」または「林」について調べたいという情報要求があったとき、「森 OR 林」という検索式を作ることで、「森」のみを含む情報、「林」のみを含む情報、「森」と「林」の両方を含む情報を網羅的に得ることができる。論理和を用いることによって、検索される対象を広げて検索の漏れを減らすことができる。

(3)論理差（NOT検索）

　論理差は、二つの検索語のうち、一方の検索語を含まない情報を検索したいときに用いられ、NOTの記号で結ぶため、NOT検索とも呼ばれる。例えば「飛行機」以外での「旅行」について調べたいという情報要求があったとき、「旅行 NOT 飛行機」という検索式を作ることで、「旅行」についての情報から「飛行機」を含む情報を除いた情報が得られる。仮に「飛行機 NOT 旅行」という検索式のように検索語が逆になった場合には、「飛行機」についての情報

第4章　情報探索の技法

から「旅行」を含む情報を除いた情報を得ることとなる。このため論理差を用いた検索については検索語の位置も重要になる。

(4)論理演算の優先順位

　これらの論理演算子は単体だけではなく、組み合わせて検索式を作成することもできる。その場合には、論理演算子の優先順位に気を付ける必要があるが、優先順位は検索システムによって異なるため、それぞれの仕様を確認することが望ましい。優先順位の例としては、入力した順に先頭から検索される場合、（　）を使って優先順位を指定できる場合などがあるが、基本的には「NOT」→「AND」→「OR」の順で検索される。

2.2　トランケーション

　トランケーションは、検索語の一部分が変化するものを一括して検索したいときに用いられる方法である。入力した検索語の文字列と完全に一致する検索を完全一致検索と呼ぶことに対し、トランケーションは変化する一部分以外は一致したものを検索するため部分一致検索とも呼ばれる。一致させる位置により、前方一致、後方一致、中間任意（両端一致）、中間一致がある。

　検索語の変化する部分に用いる入力文字を「マスク文字」や「ワイルドカード」と呼び、「*」「?」「$」「!」「@」などの記号で代用される。これらの記号や記号の意味、指定方法は、検索システムによって異なるため、確認してから使用しなければならない。例えば、「*」を0文字以上何文字でもよいという意味のマスク文字として使用したとき、「*雪」と入力すると、「白雪」「ささめ雪」「淡雪」「牡丹雪」「綿雪」などが検索される。これは後方に「雪」という語を一致させた後方一致の検索である。

2.3　再現率と精度

　検索結果の評価を行う基準の一つとして、「再現率」と「精度」という指標がある。図4.4は、再現率と精度の概念を示したものである。

57

第Ⅰ部　情報サービスの準備

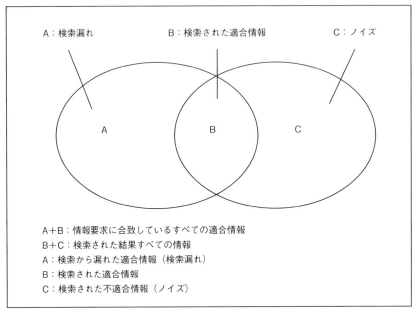

図4.4　再現率と精度

　A＋Bの楕円は、ある情報要求に対して適合しているすべての情報である。B＋Cの楕円は情報要求に対して行った検索の結果として得られたすべての情報である。そのうち、A部分は適合情報にもかかわらず検索から漏れてしまった適合情報、B部分は検索された適合情報、C部分は検索結果に含まれてしまった不適合情報（ノイズ）である。

(1)再現率

　再現率とは、すべての適合情報のうち、どれだけ適合情報を検索できたかの割合を表す。これは検索漏れの程度、つまり網羅性についての指標である。再現率の割合（％）は、「B÷（A＋B）×100」で求めることができる。

(2)精度

　精度とは、検索されたすべての情報のうち、どれだけ適合情報が検索できた

58

かの割合を表す。これはノイズの程度、つまり正確性についての指標である。精度の割合（％）は、「B÷（B＋C）×100」で求めることができる。

(3)再現率と精度の関係

　検索結果として理想的な状態は、再現率も精度もともに高いことである。しかし、再現率と精度は反比例の関係にあり、再現率を高めようとするとノイズが増えて精度が下がり、精度を高めようとすると検索漏れが増えて再現率が下がることとなる。このため情報検索を行うときには、情報要求に合わせて事前に検索方針を立て、再現率と精度のどちらを優先する検索を行うのかを決めておくことが重要である。

３　紙媒体の情報資源を使用した検索

　レファレンスブックは、いうまでもなく調べるためのツールとして作られた冊子体である。読むための冊子とは異なり、始めから終わりまでを通覧することが目的ではなく、必要が生じたときに該当項目や箇所を「調べる」ための冊子である。

　レファレンスブックは通常50音順や体系順に項目が並んでいるため、レファレンスブックを使用する場合に目次を見るか、あるいは調べたい項目を直接本文の見出し語から探すこともできる。しかし、調べたい項目が本文の見出し語から見つけられたとしても、そこだけの情報では十分にレファレンスブックを使ったとはいえない。また、そのような調べ方では、目次や本文の見出し語に探したい項目を見つけることができなければ、そのレファレンスブックには欲しい情報はないとあきらめてしまうかもしれない。レファレンスブックは調べるための冊子であるため、目次や本文の見出し語以外にも、手早くかつ容易に情報が探し出せるように工夫がなされている。特に一冊のレファレンスブックに含まれる情報量が多くなればなるほど、特定の項目や箇所がどこにあるのかを明確に指示することが重要になる。その工夫として、必要とする情報の位置

を指示あるいは指摘するものに索引がある。索引は本文利用の補助的な役割を果たすものであるが、索引があってこそ、本文の有効な利用ができるものでもある。

3.1　索引の利用

　索引は必要とする情報の位置を指示あるいは指摘するもので、情報の手がかりになる言葉である「見出し語」と、情報の所在箇所を示す所在指示である「索引項目」から構成される。索引内の見出し語に調べたい検索語が見つかればよいが、自分の選んだ検索語が常に見出し語に索引語として採用されているとは限らないことを留意しておく必要がある。見出し語が見つかったならば、次に索引項目を確認し、情報の所在を明らかにする。

⑴索引項目
　索引項目は、見出し語の情報が本文のどの位置に所在するのかを指示するものである。その指示の方法として以下のものがある。

①本文箇所への指示
　レファレンスブックの索引は、複数の巻号がある場合には、巻数とその該当するページ数を示している。レファレンスブックによっては本文の文章を段組みにしているものもあり、その場合には段組みの位置も分かるように示されている。例えば全7巻で構成され、本文が横組み3段で組まれたレファレンスブックがあったとき、索引に「3‐105中」という指示があったとする。これは3巻の105ページ、中の段にあることを表している。

②参照の利用
　索引には本文箇所への指示として巻号数やページ数だけではなく、「を見よ」や「をも見よ」のような言葉や記号が付されることがあり、他の項目への案内をしている場合がある。これを参照という。レファレンスブックでは、参照を

たどることにより、それぞれの事柄の関連を理解し、より確実で幅広い知識を得ることができるため、参照の指示があった場合にはその項目も確認するとよい。

「を見よ」は、他にも「→」「see」「を参照」が代用されることがある。例えば「短歌 →和歌」という表示があった場合、本文中に「短歌」という項目がなく、「和歌」の項目を参照しなさいという指示である。

「をも見よ」は、他にも「→：」「see also」「をも参照」が代用されることがある。例えば「和歌 →：歌合せ．歌開始．歌人．枕詞．連歌」という表示があった場合、「和歌」の項目だけではなく「歌合せ」「歌開始」「歌人」「枕詞」「連歌」の項目にも記述があることを表している。

(2) その他の利用

レファレンスブックを使いこなすには、索引の利用だけでは十分ではない。例えば、レファレンスブックに書かれている情報は、その項目の概要であることが多い。その項目についてさらに詳しく知りたいときには、項目の最後の「参考文献」に紹介されている図書や雑誌論文を確認するとよい。

また、レファレンスブックの構成や配列の規則、使用している略語や記号などは、それぞれによって異なる。これらの意味や規則は「凡例」や「利用のしかた」などにまとめられている。そこで、使用方法に不明な点があったときには、これらを確認することで理解することができる。

さらに、同じ言葉や事柄を調べても、レファレンスブックの編集の立場や方針、記事が書かれた年代の違いなどによって、記述のしかたに異なりが生じることがある。このため、レファレンスブックを使用するときには複数の種類や年代のものを見比べ、より確実で充実した情報を得ることが望ましい。

◆演習問題4-1　コトバの選び方について、以下に答えなさい。
　1.　言葉を二つ自由に選び、それぞれの同義語を挙げなさい。
　2.　下記の文章を分かち書きし、検索語の候補となり得る言葉を抜き出しな

さい。

「『貞享暦』を作り、幕府で最初の天文方に任ぜられた人物はだれか。その略歴と功績が知りたい。」

3. 図4.2のシソーラスの例を参照し、「ムスカリ」の上位概念であるディスクリプタ、「ユリ科」の関連語であるディスクリプタはなにかをまとめなさい。

4. 〈音楽　クラシック　芸術　ミュージック　ジャズ　演劇　バラード　雅楽〉という言葉がある。このうち〈音楽〉を見出し語となるディスクリプタとしたとき、残りの言葉をＵＦ、ＢＴ、ＮＴ、ＲＴのいずれかに割り当て、シソーラスを完成させなさい。

◆演習問題4－2　ネットワーク情報資源の検索について、以下に答えなさい。

1. 下記の情報要求を検索するために、論理演算子を用いて検索式を作りなさい。このとき、演算子の優先順位はNOT → AND → ORとし、（　）を用いた場合は（　）内を優先するものとする。

①紅茶の種類について知りたい。

②有田焼または伊万里焼について知りたい。

③『いばら姫』以外のグリム童話について知りたい。

④千代田区または台東区にある博物館について知りたい。

2. ある情報要求に対する適合情報が320件あったとする。当該情報要求を満たすために検索を行ったところ、53件の情報が検索され、そのうち21件の適合情報が含まれていた。このときの再現率、精度の割合（％）を計算しなさい。なお、小数第二位を四捨五入し、小数第一位までを求めることとする。

◆演習問題4－3　紙媒体の情報資源を使用した検索について、レファレンスブックを2冊自由に選び、「凡例」や「利用のしかた」、「索引の使い方」などを参照し、索引項目がどのような使い方をするのかをまとめなさい。なお、選

んだレファレンスブックの書名、出版者、出版年も記載すること。

■□コラム□■

物語・小説にみる図書館情報サービス

　図書館の情報サービスのイメージはこれまでに書かれた数々の小説や物語に登場するシーンから容易に確認することができる。
　門井慶喜による『おさがしの本は』（光文社）という小説は、ある市立図書館のレファレンスカウンターで主人公である調査相談課の和久山隆彦と「本探し」を通した利用者とのやりとりが描かれている。もちろん小説ということもあり、現実とは異なる描写もみられるが、本を探すということが利用者にとってどのような意味をもつのか想像する手がかりにすることができる作品である。森谷明子『れんげ野原のまんなかで』（東京創元社）という小説は、新人図書館員を主人公とする図書館ミステリー作品である。そのなかに、図書館の情報サービスの一端を描く場面が登場する。
　より、図書館員の視点から情報サービスが描かれたものにスコット・ダグラス『どうか、お静かに：公立図書館ウラ話』（文芸社）がある。アメリカ合衆国の公立図書館に勤める著者が体験した実話をもとに脚色した作品である。ヒスパニックがスペイン語交じりの片言の英語で英語の学習書を図書館員に尋ねるやりとりやアイオワ州の本を探しに来たホームレスらしき親子とのやりとりからは、図書館情報サービスの多面的な側面を感じることができる。
　ここで紹介した以外の図書館が舞台となっている小説や物語にも、図書館の情報サービスが描かれているものがある。図書館を舞台にした小説や物語を読むことは、その内容や描かれ方に対する是非は別として、図書館の情報サービスがどう捉えられているのかをみる有用な手段といえる。

（中山愛理）

第Ⅱ部　情報サービスの実践

| 第5章 | 図書情報（書誌：和書・洋書）の探し方 |

1　図書情報の特徴

　本章では、図書館の所蔵する図書に関する探し方について探す'コツ'を学ぶ。図書を探すときは、まず手がかりとして書誌事項の確認からはじめる。書誌事項とは、その図書が有している情報である。つまり、その図書が有する情報の特徴を踏まえておくことが必要になる。図書に関する情報として、以下のような情報が考えられる。

---

(1)図書の形態、要素（タイトル、著者、出版社、版次、出版年）の図書自体に由来する情報である。
(2)図書の流通に伴い扱われる図書情報
　　例えば、入手可能な情報（図書館所蔵か新刊本か、古書か）である。

　特定図書の有する情報全体を知りたい場合は書誌を用いる。それに対し目録を用いる時は、図書が有している情報＋**所在情報（所在場所）**を確認するときである。どこの図書館が所蔵しているのかを知りたい場合は、目録を使用する。一般的に図書に関する情報要求にどのようなものがあるのだろうか。図書情報に関しては多様なレファレンス質問が考えられる。

---

(1)図書の書誌事項について調べたい。
(2)図書（特定主題、特定著者、特定作品、翻訳）の存在を調べたい。

第5章　図書情報（書誌：和書・洋書）の探し方

(3)図書の所在（所蔵）を調べたい。
(4)図書の入手（購入）可能性を調べたい。

以下、情報要求に対応していく際、主に使用するツールを紹介する。

2　図書情報に関するネットワーク情報資源

2.1　目録（目録を中心として、書誌情報を対象とするものも含む）
(1)日本国内に所蔵されている所蔵資料を中心に検索可能
- NDL サーチ〈http://iss.ndl.go.jp/〉（国立国会図書館）
  : 国立国会図書館及び全国の図書館、公文書館、学術機関などの所蔵資料を統合検索できる。
- 国立国会図書館オンライン〈https://ndlonline.ndl.go.jp/#!/〉（国立国会図書館）
  : 国立国会図書館が所蔵する資料のみを検索可能である。
- CiNii Books（大学図書館の本をさがす）〈http://ci.nii.ac.jp/books/〉
  : 全国の大学図書館の所蔵図書や雑誌などに関する所蔵情報を検索可能な総合目録である。
- Webcat Plus〈http://webcatplus.nii.ac.jp/〉
  : 国立国会図書館や大学図書館の所蔵目録、新刊書の書影・目次などを統合検索できる。
- カーリル〈https://calil.jp/〉
  : 日本全国の図書館所蔵情報と貸出状況を統合的に検索可能である。
- 都道府県立図書館 OPAC・相互貸借情報一覧
  〈http://iss.ndl.go.jp/somoku/?page_id = 329〉
  : 国立国会図書館ゆにかねっと内にある都道府県別**横断検索**のリンク集である。

(2)特定の種類の所蔵資料を検索可能
- 日本古典籍総合目録データベース〈http://base 1 .nijl.ac.jp/〜tkoten/〉

第Ⅱ部　情報サービスの実践

　　：古典籍の著作及び著者の典拠情報を含む書誌・所在情報を検索可能である。
・全国漢籍データベース 〈http://kanji.zinbun.kyoto-u.ac.jp/kanseki〉
　　：全国の公共図書館、大学図書館所蔵の漢籍の書誌・所在情報を検索可能である。
・教科書目録情報データベース 〈http://www.textbook-rc.or.jp/library/search/〉
　　：文部科学省（文部省）の「教科書目録」に基づく、教科書の書誌・所蔵情報を検索可能である。
・東書文庫蔵書検索 〈http://www.tosho-bunko.jp/〉
　　：江戸期以前を含めた東書文庫所蔵の往来物・教科書の所蔵情報を検索可能である。

(3)海外の図書館に所蔵されている資料を中心に検索可能
・WorldCat 〈https://www.worldcat.org/〉
　　：OCLCに参加する図書館の所蔵情報を検索可能な総合目録である。
・LKOLIS・NET 〈https://www.nl.go.kr/kolisnet/index.do〉（韓国国立中央図書館）
　　：韓国国立中央図書館及び公共図書館の所蔵資料を検索可能である。
・Library of Congress Online Catalog 〈https://catalog.loc.gov/〉
　　：アメリカ議会図書館の所蔵情報を検索可能である。
・Explore the British Library
　〈http://explore.bl.uk/primo_library/libweb/action/search.do?vid=BLVU1〉
　　：英国図書館の所蔵情報を検索可能である。

2.2　書誌

(1)出版物の総合的な書誌情報が検索可能
・出版書誌データベース Books 〈https://www.books.or.jp/〉（日本出版インフラセンター）
　　：各出版社から提供された情報を基に、現在入手可能な図書の書誌情報を検索可能である。
・bookplus 〈http://www.nichigai.co.jp/database/book-plus.html〉［有料］
　　：日外アソシエーツが提供し、1926年から現在までの絶版を含めた書誌情報を検索できる。

第5章　図書情報（書誌：和書・洋書）の探し方

- Books In Print 〈http://www.booksinprint.com〉［有料］
  ：Bowker が提供する洋書の出版情報が検索可能で北米版と英語圏版がある。

(2)オンライン書店の書誌情報を検索可能（目次や内容情報も参照可）
- e-hon 〈http://www.e-hon.ne.jp/bec/EB/Top〉（トーハン運営）
- Honya Club 〈http://www.honyaclub.com/shop/default.aspx〉（日販運営）
- honto 〈https://honto.jp/〉（第日本印刷株式会社運営）
- Amazon 〈https://www.amazon.co.jp〉
- 紀伊國屋書店 〈https://www.kinokuniya.co.jp/〉

(3)古書の在庫情報、入手可能な古書の書誌情報を検索可能
- 日本の古本屋 〈https://www.kosho.or.jp/〉（東京都古書籍商業協同組合運営）
- スーパー源氏 〈https://www.supergenji.jp/〉（紫式部運営）
- AbeBooks（洋古書）〈https://www.abebooks.com/〉
- 本の枝折（古書店横断検索）〈http://www.crypto.ne.jp/siori/〉

(4)特定の条件に合致する出版物の書誌情報を検索可能
- 本が好き！らぼ　近刊情報サーチ〈http://comingbook.honzuki.jp/〉
  ：JPO 近刊情報センター登録情報をもとに、**今後発売予定の図書**の書誌情報が検索可能である。
- Index Translationum 〈http://www.unesco.org/xtrans/〉
  ：ユネスコが運営する世界の**翻訳図書**の書誌情報を検索可能である。
- 学術研究データベース・リポジトリ（主題書誌）〈https://dbr.nii.ac.jp〉
  ：経済学、家政学、地理学、東南アジア、アメリカ研究などの特定主題の文献を検索可能である。
- 新書マップ〈http://shinshomap.info/〉
  ：新書を主題ごとに検索し、一覧することが可能である。
- 目次データベース〈https://rnavi.ndl.go.jp/mokuji/〉（国立国会図書館）
  ：国立国会図書館所蔵の主な楽譜、白書、地方史、法令、新聞、地図、名鑑などの目

次から書誌情報を検索可能である。

2.3 デジタル書籍
(1)デジタルライブラリー（電子図書館）
・国立国会図書館デジタルコレクション〈https://dl.ndl.go.jp/〉
　：国立国会図書館の電子資料を統合的に検索可能である。
・古典選集本文データベース
　〈http://base1.nijl.ac.jp/~selectionfulltext〉（国文学研究資料館）
　：国文学研究資料館所蔵和古書の検索とその翻刻テキスト・画像が確認可能である。
・World Digital Library〈https://www.wdl.org/en/〉（アメリカ議会図書館とユネスコ運営）
　：世界の国立図書館の電子資料を統合的に検索可能である。
・HathiTrust Digital Library〈https://www.hathitrust.org/〉
　：アメリカ合衆国の大学図書館が中心となった電子資料を検索可能（一部全文閲覧可）である。
・Digital Public Library of America〈https://dp.la/〉
　：アメリカ合衆国の図書館などによる電子資料を統合的に検索可能である。
・Europeana〈https://www.europeana.eu/en〉
　：ヨーロッパにある図書館などの電子資料を統合的に検索可能である。
・Googleブックス〈https://books.google.co.jp/〉
　：電子化された図書の全文検索可能である。あるフレーズが本文に含まれた図書を探すことができる。書誌情報がない図書の一部（フレーズのメモやコピー）から書誌情報を確認することが可能である。

(2)電子化された作品のテキスト
・青空文庫〈https://www.aozora.gr.jp/〉
　：主に著作権切れの作品をボランティア中心に電子化したものが利用可能である。
・電子文藝館〈http://bungeikan.jp/domestic/〉（日本ペンクラブ運営）
　：主に著作権期間内の文芸作品を著作権者の了解を得て電子化したものが利用可能で

第5章　図書情報（書誌：和書・洋書）の探し方

ある。

③ 図書情報に関する冊子体情報資源

3.1　目録（目録を中心として、書誌情報を対象とするものも含む）
(1)日本国内に所蔵されている所蔵資料を中心に検索可能
- 国立国会図書館蔵書目録：明治期（国立国会図書館）
  ：帝国図書館時代の明治期蔵書にその後、受入した明治期の図書情報を加えたものである。
- 国立国会図書館蔵書目録：大正期（国立国会図書館）
  ：帝国図書館時代の大正期蔵書にその後、受入した大正期の図書情報を加えたものである。
- 国立国会図書館蔵書目録：昭和元/24.3（国立国会図書館）
  ：1926年から1949年3月の蔵書にその後、受入した同期の図書情報を加えたものである。

＊1948年以降1995年までは6期に分けた**累積版**の冊子体蔵書目録がある。

(2)特定の種類の所蔵資料を検索可能
- 國書總目録　補訂版（岩波書店）
  ：8巻と著者別索引から構成された近世以前までの図書の総合目録である。
- 古典籍総合目録（岩波書店）
  ：國書總目録の続編にあたり、3巻から構成される。

＊上記のほか、**特殊コレクション**などの**蔵書目録**が各図書館で作成される場合がある。

2.2　書誌
(1)出版物の総合的な書誌情報が検索可能
- **日本件名図書目録**［年刊］（日外アソシエーツ）累積版1956-84年　各年版1985-
  ：図書を件名見出しの下に整理し、「人名・地名・団体名」編・「件名」編から構成される。

第Ⅱ部　情報サービスの実践

- BOOKPAGE 本の年鑑［年刊］（日外アソシエーツ）1988-
  : 各年の出版物の書誌情報、目次、要旨を収録。bookplus の元データにもなっている。
- 出版年鑑［年刊］（出版ニュース社）1951-2018
  : 2巻から構成され、第2巻「目録・索引」に各年の新刊出版物の情報が収録されている。
- Books in Print［年刊］（R.R.Bowker）1948-
  : 北米の出版物を収録した書誌である。
* 上記のほか、出版社ごとに刊行物目録が作成される場合がある。

⑵特定の条件に合致する出版物の書誌情報が検索可能
- 世界名著大事典（平凡社）
  : 世界の古典的名著の書誌情報や著者情報が収録されている。
- 現代日本執筆者大事典（日外アソシエーツ）
  : 1970年代半ば以降に活躍した人物の略歴と著作の一覧が収録されている。
* 上記のほか人物別に編纂された個人書誌も有用である。
- 翻訳図書目録（日外アソシエーツ）
  : 明治以降、日本で出版された様々な分野の翻訳書の書誌情報が収録されている。
- 明治大正昭和翻訳文学目録（風間書房）
  : 明治から1955年までに日本で出版された翻訳書の書誌情報が収録されている。
- 全集・合集収載翻訳図書目録（日外アソシエーツ）
  : 1945年以降の全集や論文集に含まれる翻訳情報が収録されている。
- 書誌年鑑［年刊］（日外アソシエーツ）1982-
  : 図書などに含まれる書誌に関する情報をまとめた「書誌の書誌」である。
- 日本の参考図書：第4版（日本図書館協会）
  : 1996年までの参考図書の情報を主題ごとに整理し、解説を付している。
* 上記のほか日外アソシエーツの刊行する主題別書誌である『心理学の本全情報』のような「全情報シリーズ」も有用である。

4 目的別情報資源の使い方

4.1 図書の書誌事項について調べたい
(1)ネットワーク情報資源で探す

　図書の正確な書誌事項は、全国書誌の意味合いをもつ **NDL サーチ**や**国立国会図書館オンライン**などの目録や出版社が情報提供する **Books** などで確認する。

(2)冊子体情報資源で探す

　冊子体で図書の正確な書誌情報を探すには、**BOOKPAGE 本の年鑑**、**出版年鑑**のような書誌で探す。古い時期のものであれば、明治から昭和期の**国立国会図書館蔵書目録**で探す。洋書は、**Books in Print** で探す。

4.2 図書（特定主題、特定著者、特定作品、翻訳）の存在を調べたい
(1)ネットワーク情報資源で探す

　特定主題の図書を探す場合には後述の OPAC で件名検索を行うほか、**学術研究データベース・リポジトリ**や**新書マップ**などで探す。**東書文庫蔵書検索**などの特定の種類の所蔵資料を検索する OPAC も活用できる。翻訳については、**Index Translationum** で探す。

(2)冊子体情報資源で探す

　特定の観点から図書の存在を探す場合には、冊子体が通覧できて有用性が高い。特定の主題の存在を調べるには当該主題に合致する**全情報シリーズ**（日外アソシエーツ）で探す。特定著者の図書は、**現代日本執筆者大事典**や**個人書誌**で探す。特定作品は、**世界名著大事典**などで探す。翻訳は収録期間を踏まえて、**翻訳図書目録**などを使い分けて探す。

第Ⅱ部　情報サービスの実践

4.3　図書の所在（所蔵）を調べたい
(1)ネットワーク情報資源で探す

　国立国会図書館のような特定図書館の所蔵状況は、**国立国会図書館オンライン**といった当該図書館の OPAC で探す。所蔵が確認できない場合、より広い範囲で探すことになる。その際に **NDL サーチ**、**CiNii Books** などの横断検索で統合的に検索を行う。海外の所在情報は、**WorldCat** などを適宜選択する。

(2)冊子体情報資源で探す

　冊子体で、最新の所蔵情報を確認することはできない。特定期間の蔵書を通覧可能な**国立国会図書館蔵書目録**や近世以前の図書の所在を確認可能な**國書總目録**のように特定期間・特定資料の所蔵を通覧しながら探す場合に有用である。

4.4　図書の入手（購入）可能性を調べたい
(1)ネットワーク情報資源で探す

　新刊書の入手可能性は、**Books** もしくは、**各出版社の Web サイト**で確認する。出版社在庫が品切・絶版の場合は、**紀伊國屋書店**や **honto**（マイ店舗登録した店舗のみ）で店頭在庫を確認すると入手可能な場合がある。それでもない場合は、**古書の在庫情報**を提供する Web サイトを検索する。また、電子化された図書がデジタルライブラリーから利用可能なものもあるので併せて探す。

(2)冊子体情報資源で探す

　冊子体で、最新の入手可能性を確認することはできない。出版社が特定されている場合、タイムラグを承知したうえで、当該**出版社の販売目録**があれば、それを確認する。ない場合には、**古書店の販売目録**が有効な場合もある。

◆演習問題5-1　本章で紹介した情報資源などを活用して、以下のレファレンス質問に回答しなさい。
(図書の書誌事項に関する質問)

第5章　図書情報（書誌：和書・洋書）の探し方

1. 『あけるな』という本は、複数の出版社から刊行されたようだが、それぞれの出版社からいつ刊行されたのかについて知りたい。
2. ブライアン・トレイシーの書いたタイトルに「カエル」とある図書にはどのようなものがあるのかを知りたい。
3. 「食事バランスガイド」を解説した図書にどのようなものがありますか。
4. 「南極の氷」に関する図書にどのようなものがあるのかを知りたい。
5. 犬育てという図書は、誰が書いて、いつ出されたのかを知りたい。
6. 「子そだて」が付く書名で、可能な限り古いものが知りたい。
7. 「はははのはなし」を書いた人とどこの出版社から刊行されたのか知りたい。

（図書の内容に関する質問）

8. 『たこやきハロウィン』という本があるのだが、どのような内容か。
9. ポプラ社から出ている『先生志願』はどういった内容なのか知りたい。

（ある内容が記載されている図書に関する質問）

10. 「だんし」という紙があるようだが、それを説明した図書を知りたい。
11. ノーベル化学賞を受賞した野依良治の受賞講演の記録が収録された図書について知りたい。
12. きき手についての研究がまとめられた図書を探している。
13. アメリカのファッション［服飾］史をまとめた図書を探したい。
14. トンパ文字という象形文字に関する図書を探したい。

（図書の入手可能性や価格に関する質問）

15. 『したのどうぶつえん』といったタイトルの絵本があると聞いたが、広島県内で所蔵している図書館を知りたい。
16. 明治時代に出された『言海』という国語辞典を、現在でも購入することができるか知りたい。
17. 『やんごとなき読者』という図書の原作（英語版）は、どこの図書館で所蔵しているのかを知りたい。
18. レポートの書き方に関する新書を一覧し、できれば内容も確認したい。

19. 1998年ポプラ社から刊行された江戸川乱歩『怪人二十面相』の定価がいくらであったか知りたい。
20. 確か2008年に講談社から『考えるシート』という本がでたと思うのですが、著者とその本の概要を知りたい。

（図書の版次についての情報）
21. ピーターラビットの絵本で時計がついているものは、どこの図書館が所蔵しているか。
22. 『暮らしのヒント集』には、活版限定版があるようだが、いつ刊行されたのか知りたい。
23. 青木保『儀礼の象徴性』は、1998年に刊行されたものがあるという。なんというシリーズの1冊として刊行されたのか知りたい。
24. 『大辞林』という辞典は、なんどか改訂されているようだが、改訂された版ごとの刊行年を知りたい。
25. 昭和32年版の『埼玉年鑑』を探している。埼玉県内のどの市立図書館が所蔵しているか知りたい。

（翻訳図書についての情報）
26. ルイス・キャロルの書いた *Alice in wonderland* の翻訳書で1948年に刊行されたものはあるか。
27. ロバート・A. ハインライン著の *The door into summer* の翻訳はされているか。
28. レオ・レオニー『スイミー』を翻訳した日本人は誰か知りたい。
29. ウィリアム・モリスの書いた本の翻訳書が知りたい。
30. ハリー・ポッターシリーズを日本語に訳した人は誰か知りたい。
31. *Curious George visits the library* の翻訳書を探したい。

（シリーズや全集についての情報）
32. ミヒャエル・エンデのエンデ全集は全部で何巻か。その中で『モモ』は何巻にあたるか。
33. 岩波文庫にどのようなものがあるのかを一覧できる資料か、目録のよう

なものはあるのか。
34. 『風の又三郎』は『新版 宮沢賢治童話集』の中の何巻か知りたい。
35. 石井桃子集の第1巻にどのような作品が含まれているのか知りたい。

(図書の著作者についての情報)
36. 『きらめく夏』(2004年刊行)を書いた著者は誰か知りたい。
37. 『学ばないこと・学ぶこと』を書いている著者について知りたい。
38. 第142回直木賞受賞作を書いた作家は誰か知りたい。
39. 『人間はすばらしい』の著者、椋鳩十の読み方を知りたい。
40. ポプラ社から1957年に出た『ガリバー旅行記』の原作者と翻訳者を知りたい。

(歴史的に古い図書についての情報)
41. 明治18年に刊行された『桃太郎』の、出版社、著者について知りたい。
42. 沢柳政太郎編『読書法』はいつ刊行されたものか知りたい。また、本文を確認できるか。
43. 名画で知られるレンブラントに関する図書で国立国会図書館が所蔵している一番古いものの書誌を知りたい。

(翻訳図書についての情報)
44. 太宰治の『人間失格』は英訳されているか。もしされているのならば、誰が英訳したのかを知りたい。
45. 三島由紀夫の『金閣寺』は英訳されているか。
46. 大谷亮吉『伊能忠敬』の翻訳はいつ、どこの出版社から出されたのか。
47. 村上春樹の『ダンス・ダンス・ダンス』が、2002年に英語訳されているらしいが、どこの出版社から刊行されたものか知りたい。

(図書館における特定の図書の所在状況)
48. 『風流志道軒伝』はどこがもっているのか知りたい。
49. 杉田玄白の『解体新書』で江戸時代のものを所蔵している図書館が知りたい。
50. 『全相平話』の原本はどこで所蔵されているのか知りたい。

第Ⅱ部　情報サービスの実践

◆演習問題5-2　本章で紹介した情報資源などを活用して、以下のレファレンス質問に回答しなさい。

1. 1952年のノーベル平和賞受賞者の書いた図書の日本語（翻訳）タイトルが知りたい。
2. ひらがなの『や』という名前の図書の著者、出版社、刊行年などの情報を詳しく知りたい。
3. 小泉八雲の所蔵していた図書は現在どこにあるのか知りたい。なお利用可能であるかも知りたい。
4. 1963年の図書館に関する中小レポートと1972年の中小レポートを同時に見ることのできる図書館を知りたい。
5. 江戸時代の版木で刷られた木版の群書類従を入手したいと考えるがどこで入手可能か知りたい。
6. 埼玉県立博物館で開催された「さいたまの鉄道展」の図録を入手可能か知りたい。
7. 大きな活字の『世界の中心で愛を叫ぶ』を所蔵している都道府県立図書館はあるか。
8. 『米国図書館事情』という報告書を書いた人物を知りたい。
9. 野本三吉が本名で書いた図書を知りたい。
10. 『内閣制度七十年史』という本を入手する手段はないだろうか。
11. 紅葉山文庫の図書は現在どこにあるのか知りたい。閲覧できるのかも知りたい。
12. 平成元年に大阪書籍の『小学5年国語』に掲載された「洪庵のたいまつ」という作品を読んでみたいが、教科書以外の図書に収録されていないのか知りたい。
13. 宮城県の歴史を漫画で描いた図書を探したい。
14. 北極圏の食文化に関する図書を知りたい。
15. 理科（科学分野）に関する年表で、1990年以降の図書が知りたい。
16. 図書館と戦争をテーマに取り上げた図書を探したい。（＊フィクションを除く）

17. *Bowling alone : the collapse and revival of American community* の翻訳書の書名と出版社を確認したうえで、入手することができるか知りたい。
18. *Letters to me* は翻訳されているか。著者、出版社、出版年が知りたい。
19. 博物館や美術館の展覧会カタログについて書かれた図書を探したい。
20. 宮澤賢治の『貝の火』を題材にした紙芝居をどこの図書館でみることができるか。
21. 夏目金之助の書いた最後の作品が知りたい。
22. 明治時代に出された『光琳略画』という図書を探している。
23. 黒岩涙香が翻案した原作にどのようなものがあるのか知りたい。
24. バケツでお米を作る方法が説明してある図書を探したい。
25. 明治時代に世界一周旅行をした女性の日記を探したい。
26. アルベールカーンの撮影した写真がまとめられている図書を探したい。
27. 『はらぺこあおむし』には、点字がついて、さわって楽しむものがあるというが本当か知りたい。実際に手にとって見ることはできる図書館はあるのか。
28. 森林太郎の長男が父親をふり返った図書があるというがどんなものか。
29. 鯛料理に関する図書を探している。
30. 甲骨文字を読みたいと思っているのだが、手軽に読み方のわかる図書はないか知りたい。
31. 岡倉天心の『茶の本』のうち、岡倉天心が存命中に刊行されたものを探している。
32. 横川駅の「峠の釜めし」を考案した人が書いた図書をさがしている。
33. 神奈川県立図書館が刊行した神奈川県の歴史文献を紹介した冊子を知りたい。
34. 昭和16年に刊行された「アカイ　アカイ　アサヒ　アサヒ」で始まるヨミカタの教科書を探したい。
35. 明治時代の『文部省日誌』の復刻や翻刻ではない現物を探している。
36. 図書館に関する新聞記事を集成した図書はないのか知りたい。

37. エドガー・アラン・ポーの書いた『モルグ街の殺人』を入浴しながら読みたいが、濡れても大丈夫な図書はあるか知りたい。
38. 流星が人々にどのように理解されてきたのか、文化的な側面から流星についてまとめた図書はないのか知りたい。
39. 『氷点』の著者が書いた子ども向けの童話を探したい。絵は岡本佳子が書いているらしい。
40. James W. Hulse の書いた図書館に関する図書を探したい。日本の図書館で所蔵しているか。日本になければ、どこの図書館が所蔵しているのか知りたい。
41. *Clios servant* という書名の図書を探している。日本の図書館で所蔵しているか。日本になければ、アメリカ議会図書館が所蔵しているのか知りたい。
42. H.G.Jones の書いた *For history's sake* というアメリカ合衆国ノースカロライナ州の歴史に関連した図書を探している。日本になければ、アメリカ合衆国ノースカロライナ州のどこの図書館が所蔵しているのか知りたい。
43. Bookwagon を題材としたお話の載っている図書を探している。日本の図書館で所蔵しているか。日本になければ、どこの図書館が所蔵しているのか知りたい。
44. *Miniature books : 4,000 years of tiny treasures* という豆本に関する図書を探している。日本の図書館で所蔵しているか。日本になければ、どこの図書館が所蔵しているのか知りたい。
45. *Unterm Rad* というタイトルの図書を書いた著者を知りたい。この図書が日本語に翻訳されているならば、入手可能かも知りたい。
46. 中国で『小王子』のタイトルで刊行されている物語の原タイトルと日本語のタイトルを知りたい。
47. *Orbis sensualium pictus* を日本語で読むことは出来るのか知りたい。また現在購入出来るのかも知りたい。
48. アメリカ合衆国にあるオハイオ州 Van Wert County の歴史を Postcard

で紹介した図書を探している。日本の図書館で所蔵しているか。日本になければ、アメリカ合衆国オハイオ州ののどこの図書館が所蔵しているのか知りたい。

49. *Hagerstown:railroading around the hub city* という図書を探している。日本の図書館で所蔵しているか。日本になければ、アメリカ合衆国のどこの図書館が所蔵しているのか知りたい。

50. 『漂荒紀事』という海外で書かれた図書は、現在どのようなタイトルで販売され、入手できるのか知りたい。

第6章	新聞・雑誌情報の探し方

1　新聞・雑誌情報の特徴

　本章では、図書館の所蔵する新聞・雑誌の探し方の'コツ'について学んでいく。新聞・雑誌はともに逐次刊行物とも呼ばれる。逐次刊行物とは、「完結を予定せず、同一のタイトルのもとに、一般に巻次、年月次を追って、個々の部分が継続して刊行される資料」のことである。前章同様に書誌や目録を活用し、書誌事項の確認からはじめる。そこで、新聞・雑誌が有する情報の特徴を踏まえる必要があるが、以下のような情報が考えられる。

---
(1)形態、要素など新聞・雑誌自体に由来する情報
(2)新聞・雑誌に掲載されている記事（論文）などについての情報
(3)新聞・雑誌の所蔵などに関わる情報

　特定の新聞・雑誌の有する情報全体を知りたい場合は書誌を用いる。新聞や雑誌の書誌を逐次刊行物目録や逐次刊行物リストと呼ぶ場合が多い。所在情報を確認したいときは、目録を用いる。加えて新聞・雑誌においては、掲載されている記事（論文）について知りたい場合もある。記事を探すには、目次を集めた総目次を用いる方法と、記事名や著者、主題などの見出しから探すことができる記事索引を用いる方法がある。これを踏まえて、新聞・雑誌に関する情報要求を考えてみると、以下のものをあげることができる。

　以下、情報要求に対応していく際、主に使用するツールを紹介する。

第6章 新聞・雑誌情報の探し方

> (1)新聞・雑誌の書誌事項や主題について調べたい。
> (2)新聞・雑誌の所在(所蔵)を調べたい。
> (3)雑誌の目次を調べたい。
> (4)新聞・雑誌記事を調べたい。

2 新聞・雑誌情報に関するネットワーク情報資源

2.1 目録(目録を中心として、書誌情報を対象とするものを含む)
＊NDLサーチ、NDL-OPAC、CiNii Books、WorldCatなど図書と同様のため第5章を参照。

2.2 書誌(逐次刊行物リスト、逐次刊行物目録)
(1)新聞・雑誌の総合的な書誌情報が検索可能
・科学技術論文誌・会議録データベース〈https://rnavi.ndl.go.jp/kaigi/top.php〉
　：国内で発行された科学技術関係の学術論文誌などを検索可能である。
・日本専門新聞協会〈http://www.senmonshinbun.or.jp/〉
　：「加盟社検索」から、各専門分野の専門紙の情報を検索可能である。
・Ulrichweb〈http://ulrichsweb.serialssolutions.com/〉［有料］
　：世界中の逐次刊行物の書誌データを検索可能である。
・Genamics JournalSeek〈http://journalseek.net/〉
　：洋雑誌の書誌データを検索可能である。

(2)オンライン書店の提供する書誌情報が検索可能
＊第5章で紹介したものを参照。

2.3 雑誌記事索引

(1)複数の分野にまたがる記事を検索可能

- NDL-OPAC 雑誌記事検索〈https://ndlopac.ndl.go.jp/〉
 ：国内の学術雑誌を中心に雑誌記事、論文などを検索可能である。
- CiNii Articles〈http://ci.nii.ac.jp/〉
 ：学術雑誌や研究紀要に掲載された論文などの情報を検索可能で、一部電子化された本文も見られる。
- CiNii Dissertations〈http://ci.nii.ac.jp/d/〉
 ：日本の博士論文を検索可能。一部電子化された本文も見られる。
- Web OYA-bunko〈https://www.oya-bunko.com/〉［有料］
 ：週刊誌のような大衆誌を中心に国内の一般誌の記事を検索可能である。
- 学術研究データベース・リポジトリ〈https://dbr.nii.ac.jp/〉
- 雑誌記事索引集成データベース（ざっさくプラス）〈http://zassaku-plus.com/〉［有料］
- magazineplus〈http://www.nichigai.co.jp/database/mag-plus.html〉［有料］

(2)主題分野ごとの記事を検索可能

- JDream Ⅲ〈http://jdream3.com〉［有料］
 ：科学技術や医学に関する学術論文などの情報を検索可能である。
- 医中誌 Web〈http://www.jamas.or.jp/〉［有料］
- 国文学論文目録データベース〈http://base1.nijl.ac.jp/～rombun/〉
- 社会・労働関係データベース
 〈http://oohara.mt.tama.hosei.ac.jp/kensaku/ronbun.html〉
 ＊上記のほかにも国内外に多くのデータベースが存在する。

(3)雑誌の目次を検索可能

- Zassi.net（http://www.zassi.net/）
- 雑誌の新聞〈http://www.zasshi.com/〉

(4)電子ジャーナルを検索可能

- J-STAGE 〈https://www.jstage.jst.go.jp/〉
  : 科学技術関係を中心に国内の電子ジャーナルを無料で公開するシステムである。
- JAIRO（ジャイロ）〈http://ju.nii.ac.jp〉
  : 日本の学術機関リポジトリに蓄積された学術情報を横断的に検索可能である。

2.4 新聞記事索引

(1)新聞社のデータベース

- 聞蔵Ⅱビジュアル 〈http://database.asahi.com/library2/〉［有料］
  : 創刊号からの朝日新聞に加えて、週刊朝日、AERA の記事を検索可能である。
- ヨミダス歴史館 〈https://database.yomiuri.co.jp/rekishikan/〉［有料］
  : 創刊号からの読売新聞の記事を検索可能である。
- 毎索 〈https://mainichi.jp/contents/edu/maisaku/〉［有料］
  : 創刊号からの毎日新聞の記事を検索可能である。
- 日経テレコン21 〈http://t21.nikkei.co.jp〉［有料］
  : 1975年以降の日本経済新聞社発行の新聞4紙と企業情報のデータベースを検索可能である。

＊上記のほかにも地方紙や海外の新聞社の新聞記事データベースも存在する。

(2)その他の記事索引

- 神戸大学附属図書館新聞記事文庫 〈http://www.lib.kobe-u.ac.jp/sinbun/index.html〉
  : 神戸大学によって作成された明治末から1970年までの新聞切抜資料を検索可能である。
- 新聞・雑誌記事横断検索 〈http://business.nifty.com/gsh/RXCN/〉［有料］
  : 全国紙、地方紙、専門紙、経済誌などの過去記事を一括して検索可能である。

＊都道府県立図書館などが地域に関する記事検索ツールを作成している場合もある。

- 書評ニュース 〈http://www.shohyonews.jp/〉
  : 5大紙＋αに掲載された書評を検索可能である。

＊BOOK asahi.com など各新聞社のサイトでは書評を読むことができる。

第Ⅱ部　情報サービスの実践

③　新聞・雑誌情報に関する冊子体情報資源

3.1　目録（目録を中心として、書誌情報を対象とするものを含む）
(1)和資料を中心に検索可能
- 国立国会図書館所蔵国内逐次刊行物目録：平成9年末現在（国立国会図書館）
  ：同館が所蔵する1997年末時点の国内刊行の雑誌、新聞などの逐次刊行物目録である。
- 学術雑誌総合目録：和文編2000年版（国立情報学研究所）
  ：全国の大学図書館などが所蔵する和文逐次刊行物の総合目録で、8巻から構成される。
- 明治新聞雑誌文庫所蔵雑誌目録（東京大学法学部明治新聞雑誌文庫）
  ：同文庫が所蔵する雑誌の目録で、明治・大正期を中心に国内発行雑誌を検索可能である。
- ＊明治新聞雑誌文庫所蔵新聞目録もある。
- 全国複製新聞所蔵一覧（国立国会図書館）
  ：全国の図書館など様々な機関が所蔵する新聞縮刷版の所在がわかる目録である。

(2)海外資料を中心に検索可能
- 国立国会図書館所蔵外国逐次刊行物目録：1998年末現在（国立国会図書館）
- 国立国会図書館所蔵アジア言語逐次刊行物目録：平成7年3月末現在（国立国会図書館）
- 学術雑誌総合目録：欧文編1998年版（学術情報センター）

3.2　書誌（逐次刊行物リスト、逐次刊行物目録）
(1)国内逐次刊行物の書誌情報が検索可能
- 雑誌新聞総かたろぐ［年刊］（メディア・リサーチ・センター）1978-
  ：国内で現在刊行されている雑誌・新聞など逐次刊行物の幅広い情報を収録する。
- 日本新聞雑誌便覧［年刊］（日本新聞雑誌調査会）1965-2003
  ：新聞・雑誌名から各種データを確認可能である。

- 日本新聞年鑑［年刊］（日本新聞協会）1947-
  ：新聞業界の動向とともに、新聞についての各種データを収録する。

(2)海外の逐次刊行物の書誌情報が検索可能
- Ulrich's periodicals directory［年刊］（Bowker）1932-
  ：世界各国の現在刊行中の主要な逐次刊行物を主題別に検索可能である。
- Periodical Title Abbreviations
  ：洋雑誌の略記名から正式な雑誌名を検索可能である。

3.3　雑誌記事索引

(1)網羅的に記事を検索可能
- **雑誌記事索引**［季刊］（国立国会図書館）1948-95
  ：該当期間の国内で刊行された学術雑誌や研究紀要の記事を検索可能である。
*日外アソシエーツが出版している分野ごとの累積版も存在する。
- 大宅壮一文庫雑誌記事索引総目録：明治時代〜1984年（大宅壮一文庫）
  ：「人名編」と「件名編」で構成され、大衆誌を中心に雑誌記事を検索可能である。
*1985年以降1995年までは追補版の冊子体記事索引がある。
- 全国短期大学紀要索引（日本図書センター）累積版1950-84年　各年版1985-91
  ：国立・公立・私立の短期大学から刊行された紀要類の論文を検索可能である。
- 明治・大正・昭和前期雑誌記事索引集成（皓星社）
  ：「社会科学篇」と「人文科学篇」から構成され、明治から昭和23年にかけて発行された雑誌記事を検索可能である。
- 書評年報［年刊］（書評年報刊行会）1971-2001
  ：「人文・社会・自然編」と「文学・芸術・児童編」からなり、当該年度の主要な新聞・雑誌の書評を検索可能である。

(2)目次から記事を検索可能
- 国立国会図書館所蔵国内逐次刊行物総目次・総索引一覧（国立国会図書館）
  ：1995年１月時点で同館所蔵の雑誌に総目次や総索引があるか検索可能である。

第Ⅱ部　情報サービスの実践

- 日本雑誌総目次要覧（日外アソシエーツ）
  : 明治期以降1983年までの雑誌の総目次がどこに掲載されているのかを検索可能である。＊追録版として、84/93、1994-2003、2004-2013がある。
- 明治雑誌目次総覧（ゆまに書房）
  : 5巻から構成された明治期に刊行された、文学・歴史・地理・哲学・語学関係の代表的な雑誌の目次を検索可能である。

＊上記のほか、単一誌、複数誌含めて多数の総目次や総索引が存在する。

3.4　新聞記事索引

(1)個々の新聞社の記事を検索可能
- 朝日新聞記事総覧（日本図書センター）1985-1991
- 読売ニュース総覧（読売新聞社）1981-1995
- 毎日ニュース事典（毎日新聞社）1974-1981

(2)複数の新聞社の記事をまとめて検索可能
- 新聞集成明治編年史（財政経済学会）
  : 15巻から構成され、文久2年から明治45年発行の主要新聞の重要な記事を検索できる。

＊新聞集成大正編年史、新聞集成昭和編年史もある。
- 明治ニュース事典（毎日コミュニケーションズ）
  : 歴史上の事件、人名、地名、団体名などから複数の新聞記事を検索可能である。

＊大正ニュース事典、昭和ニュース事典もある。
- 全国紙社説総覧［季刊］（明文書房編集部）2004-
  : 朝日・毎日・読売・日経・産経の社説を検索可能である。

4 目的別情報資源の使い方

4.1　新聞・雑誌の書誌事項や主題について調べたい
(1)ネットワーク情報資源で探す

　書誌事項は、NDL サーチや NDL-OPAC などで確認する。国内にないものは各国の全国書誌などを活用する。海外の雑誌は、Ulrichweb や Genamics JournalSeek でも確認できる。

(2)冊子体情報資源で探す

　雑誌・新聞総かたろぐを使えば、書誌事項だけでなく内容や発行部数、読者層なども調べることができる。加えて、新聞・雑誌がおおまかな主題別にリスト化されているので、主題から探す場合にも活用できる。洋雑誌は **Ulrich's periodicals directory** で探す。

4.2　新聞・雑誌の所在（所蔵）を調べたい
(1)ネットワーク情報資源で探す

　所蔵を調べたい図書館の OPAC で検索する。所蔵していない資料が必要な時は、所在を確認する。それには、NDL サーチや CiNii Books などの総合目録を活用する。また、各都道府県立図書館が都道府県内の公共図書館が受け入れている新聞・雑誌の一覧を提供している場合も多い。海外の所在情報は WorldCat などを選択する。

(2)冊子体情報資源で探す

　現在では、まずネットワーク情報資源で検索し、それでも見つからない場合に冊子体を用いる。代表的な冊子体の情報源としては、**学術雑誌総合目録**や新聞の所蔵を調べる**全国複製新聞所蔵一覧**などがある。

4.3　雑誌の目次を調べたい

(1)ネットワーク情報資源で探す

　新刊雑誌の目次情報を調べるには、**Zassi.net** や**雑誌の新聞**を活用する。冊子体で目次をまとめたものに**総目次**がある。NDL-OPAC などで雑誌を検索すると、検索結果の注記に総目次の情報が記載されている場合もある。

(2)冊子体情報資源で探す

　調べたい雑誌が決まっている場合には総目次は有用である。しかし、個別の雑誌に対しても複数の雑誌に対しても総目次は無数に存在している。そこで、どのような総目次が存在するか調べるには、**日本雑誌総目次要覧**を用いる。

4.4　雑誌記事を調べたい

(1)ネットワーク情報資源で探す

　学術雑誌については、**CiNii Articles** や **NDL-OPAC 雑誌記事検索**などで探す。一般向け大衆誌の記事は Web OYA-bunko で探す。特定の主題分野の論文は、医学分野なら**医中誌 Web** など主題ごとのデータベースでも調べることができる。

(2)冊子体情報資源で探す

　ネットワーク情報資源への移行により、活用する場面は少なくなってきている。しかし、一つで全ての記事を収録しているデータベースは存在しないため、冊子体でなければ探せない記事もある。例えば、かつて短大紀要については、**雑誌記事索引**では収録対象外だった。そこで時期によっては、**全国短期大学紀要論文索引**で探さなければならない。そのほかにも、戦前・戦中期の記事などには冊子体でなければ探せないものもある。

4.5 新聞記事を調べたい

(1)ネットワーク情報資源で探す

　有料の**新聞記事データベース**で探す。**聞蔵Ⅱビジュアル**や**日経テレコン 21**などは多くの図書館が契約しており、図書館内の端末ならば無料で利用することができる。最新の記事については、**新聞社のWebサイト**で確認する。ただし、遡及的には検索できない場合が多い。

(2)冊子体情報資源で探す

　最新情報はネットワーク情報資源を用いた方が検索しやすいが、各新聞社発行の**縮刷版**には目次や索引があり、分類ごとにまとめられているので、これも重要な検索手段になる。過去の出来事などについて新聞でどのように取りあげられていたのか調べたい場合もあるだろう。そのような時は**明治ニュース事典**などを用いると、複数の新聞の記事をまとめて見ることができる。

　新聞については**マイクロ資料**や **CD-ROM 版**、**DVD-ROM 版**も存在する。有料データベースが使用できない時には、これらを利用する場合もある。

◆演習問題6-1　本章で紹介した情報資源などを活用して、以下のレファレンス質問に回答しなさい。

(新聞の書誌事項に関する質問)
1．『塗料報知』という新聞の刊行頻度を知りたい。
2．2014年に創刊された新聞にどのような新聞があるか知りたい。
3．『鳥取県婦人新聞』という新聞をどこが発行していたのか知りたい。
4．『週刊へらニュース』の現在の価格、発行部数を知りたい。

(雑誌の書誌事項に関する質問)
5．『冬虫夏草』という雑誌の出版社を知りたい。
6．『道家文化研究』という雑誌の出版地と本文の言語を知りたい。
7．『化学装置』という雑誌の現在の発行頻度、価格、発行部数を知りたい。
8．1995年における、『週刊少年ジャンプ』の発行部数と価格を知りたい。

9. 『日本図書館情報学会誌』という雑誌は以前別のタイトルで出版されていたそうだが、昔の誌名を知りたい。
10. MiERという略称の雑誌の正式名称を知りたい。

（新聞の内容に関する質問）

11. 『ニッキン』という新聞がどのような内容か知りたい。
12. 『*JKS News*』という新聞がどのような内容か知りたい。
13. 沖縄県内でどのようなローカル新聞が発行されているのか知りたい。
14. 明治期に静岡県で発行されていた新聞にどのようなものがあるか知りたい。

（雑誌の内容に関する質問）

15. 短歌について国内でどのような雑誌が出版されているのか知りたい。
16. 国内の地質関係の学術誌にどのようなものがあるか知りたい。
17. 『まなほ』という雑誌がどういう内容の雑誌か知りたい。
18. 海外の倫理学に関する学術誌にどのようなものがあるか知りたい。
19. 国内の原子力関係の電子ジャーナルにどのようなものがあるか知りたい。

（新聞の所蔵に関する質問）

20. 『日本水道新聞』とうい新聞を所蔵している図書館を知りたい。
21. 福島県立図書館が所蔵している新聞の一覧を知りたい。
22. 『*Jornal do Brasil*』という新聞を国内で所蔵しているところを知りたい。また、どのような形態で所蔵しているのかも知りたい。

（雑誌の所蔵に関する質問）

23. 『現代数学』という雑誌の所蔵館を知りたい。
24. 『観光と情報』という雑誌を創刊号からすべて所蔵している図書館を知りたい。
25. 『道家文化研究』という雑誌の10号を所蔵している図書館を知りたい。

（雑誌の目次に関する質問）

26. 『エスプリ』という雑誌の総目次が掲載されている資料の書誌事項を知りたい。

27. 『週刊文春』の最新号にどのような記事があるか知りたい。
28. 『批評空間』という雑誌の掲載記事一覧を見たい。
29. 日本民俗学会の学会誌『日本民俗学』の目次があれば見たい。
30. 河合隼人の還暦を記念して編集された論文集の目次を見たい。

（新聞記事の書誌事項に関する質問）
31. 田中慎弥が芥川賞を受賞した時の会見のやりとりが載っている新聞記事を探している。書誌事項を知りたい。

（雑誌記事の書誌事項に関する質問）
32. ノーベル賞を受賞した梶田隆章が書いた博士論文のタイトルを知りたい。
33. 「女子高校生の食生活について」という論文の著者と掲載誌が知りたい。
34. フィンランドの叙事詩、「カレワラ」についての論文でネット上で読めるものはあるか知りたい。

（新聞記事の内容に関する質問）
35. 夏の甲子園で常総学院が優勝した時の新聞記事を読みたい。
36. ノルマントン号事件について報じた新聞記事を読みたい。
37. 日本でマクドナルドの一号店が開店したときの新聞記事を読みたい。
38. 2010年の成人式の日の主要な新聞社の社説を読み比べたい。
39. 最新のニュースを読みたい。

（雑誌記事の内容に関する質問）
40. 根本茂が書いた「氷晶核」についての論文にどのようなものがあるか知りたい。
41. 湯川秀樹が戦前に書いた論文でウェブ上で無料で読めるものを知りたい。
42. 任天堂の岩田聡社長の訃報に関する雑誌記事を読みたい。
43. 榊原和枝という人の論文にどのようなものがあるか知りたい。
44. マッコウクジラに関する博士論文にどのようなものがあるか知りたい。
45. バイオロギングによるペンギンの生態について書かれた論文を読みたい。
46. 神戸連続児童殺傷事件について当時の週刊誌が取り上げた記事にどのようなものがあるか知りたい。

第Ⅱ部　情報サービスの実践

（書評に関する質問）
47. 『脳内革命』出版当時の書評があれば読みたい。
48. 又吉直樹の『火花』の書評で、新聞に掲載されたものを読みたい。
49. 朝日新聞の最新の書評を読みたい。
50. 2010年に出版された『ヒトラーの秘密図書館』の出版当時の書評が読みたい。

◆演習問題6-2　本章で紹介した情報資源などを活用して、以下のレファレンス質問に回答しなさい。
1. 浅田彰が草間彌生について論じた記事を読みたいので、書誌事項を教えてほしい。
2. 『Folha de Sao Paulo』という新聞を所蔵している国内の図書館を知りたい。
3. 雑誌『歌舞伎新報』の1893年4月26日号の目次を見たい。
4. 滋賀県内で『サッカーダイジェスト』という雑誌を所蔵している図書館の一覧を知りたい。
5. 「クロワッサンドーナツ」について国内で最初に取りあげた雑誌記事を知りたい。
6. 環境・エネルギー分野の新聞にどのようなものがあるか知りたい。
7. 『Journal of Mathematical Sciences』はどういった雑誌か知りたい。
8. 雑誌『広告』でスーパーフラットを特集した号を知りたい。また、その特集が何ページから何ページまでかも知りたい。
9. 『Journal of Sephardi and Mizrahi Studies』という雑誌を探している。日本の図書館に所蔵しているか。日本になければ、どこの図書館が所蔵しているのか知りたい。
10. 『ワールドサッカーダイジェスト』の創刊時の刊行頻度を知りたい。
11. 『花巻史談』という郷土誌の目次を見たい。
12. 数学についての日本語で読める電子ジャーナルを知りたい。

13. 「反社会性パーソナリティ障害」についてネット上で無料で読める論文を知りたい。
14. 『Industrial Relations Journal』という雑誌の出版社、刊行頻度、価格（アメリカでの）を知りたい。
15. 珍しい職業についての雑誌記事を探している。何かないか。
16. 明治初期から戦前期にかけて島根県で出版されていた雑誌にどのようなものがあるか知りたい。
17. 『Algebra and Logic』という雑誌の刊行頻度を知りたい。
18. 1950年代に高木きよ子がウィリアム・ジェイムスについて論じた論文を探している。どのようなタイトルか、またどこで読むことができるのかも知りたい。
19. 『Journal des Savants』という雑誌の略称にどのようなものがあるか知りたい。
20. 『道家文化研究』という雑誌がどこの出版社から出版されているか知りたい。
21. 日本でリンカーン暗殺について報じた新聞記事を読みたい。
22. 秋山啓という人物が1980年代までに書いた論文にどのようなものがあるかタイトルを知りたい。
23. 「笑っていいとも！」の放送が始まった日に他にどのような番組がやっていたのか知りたい。
24. 明治文化を研究する『開花』という雑誌がどのような雑誌だったのか概要を知りたい。見られれば創刊号の目次も見たい。
25. 「「来日出稼ぎ女性」の実態にみる搾取・人権侵害とこれからの課題」という論文の著者と掲載誌、掲載号が知りたい。
26. モンゴルの主要な新聞にどのようなものがあるか知りたい。
27. 石人山古墳について2000年以降に取り上げている論文があるか知りたい。また、あればどこに所蔵されているかも知りたい。
28. 江戸時代の浴衣についての論文を探している。書誌事項が知りたい。

29. 1997年に休刊してしまった雑誌が何誌ぐらいあるのか知りたい。
30. 榊原英資の『資本主義を超えた日本』について、新聞に載った書評があればいつのものか知りたい。
31. 『国語と国文学』という雑誌で「多読」について論じた記事があれば知りたい。
32. 「南方共栄圏に於ける回教徒とその使命」という記事は第二次世界大戦中に書かれたらしい。その著者と掲載誌を知りたい。
33. 『Washington Post』の年間購読料と部数を知りたい。
34. 『Dix-huitième siècle』という雑誌を現在も収集している国内の図書館はどこか知りたい。
35. 第一次世界大戦前の国際情勢について伝えている新聞記事にどのようなものがあるか知りたい。
36. 占領期の女性雑誌『生活文化』がどのような雑誌か知りたい。また、目次などがあればそれも見たい。目次が載っている資料は2000年代に出たらしい。
37. 栃木県内で『週刊読書人』を所蔵している公共図書館を知りたい。
38. 明治時代の国内の図書館の状況が分かる新聞記事があれば見たい。
39. 雑誌『白樺』にはいくつかの総索引がつくられているが、その中で解題が付いているものの書誌データを知りたい。
40. 『QBCDP』という略称の雑誌の現在の正式な誌名を知りたい。
41. タモリが雑誌で対談している記事にどのようなものがあるか知りたい。
42. 「季節性および鳥インフルエンザウイルス感染症の病理」というタイトルの論文の掲載誌と分かれば概要も知りたい。
43. 国内の東洋医学関連の雑誌で最も部数が多いものを知りたい。
44. 雑誌『思想の科学』で「市民運動」に関する記事にどのようなものがあるか知りたい。
45. アメリカ＝メキシコ紛争について国内の新聞がどのように取りあげていたのか知りたい。

46. 「戦後アメリカのファシズム」というタイトルの論文の掲載誌と掲載号を知りたい。またあれば、その掲載号に他にどんな記事が載っているのか一覧で見たい。
47. 『*Journal des Savants*』という雑誌の誌名の変遷について知りたい。
48. 「マウイ島を例とした島嶼域スマートグリッドの構築」という論文の抄録を見たい。
49. 電車でのベビーカーの利用について扱った新聞記事を読みたい。
50. 雑誌『改造』に有島武郎が書いた記事にどのようなものがあるか知りたい。

第7章　言語、事物、概念に関する情報の探し方

1　言語、事物、概念に関する情報の特徴

　この章では、言語、事物、概念に関する情報の探し方の'コツ'について学ぶ。言葉の意味などを調べる際は辞典、概念や事実について調べる際は事典、文字の成り立ちなどを調べる際は字典と使い分ける。**何を調べたいかという目的を明確にもち辞典や事典を使い分けることが探すコツである**。また、辞典・事典により収録範囲が異なるため、複数の情報源にあたり事実を確認するよう心がけることが大切である。

　辞書や事典は、冊子体のものを思い浮かべる人もいるが、現在は電子化され、インターネットで提供されている場合がほとんどである。有料で提供されているものと無料で提供されているものとがある。事実や概念に関する情報は、辞書や事典だけで得られるものではない。場合によっては、事実や概念に関する情報を作成したり、関連したりする機関や団体のWebサイトで提供されている場合もある。

　一般的に言語、事物、概念に関する情報要求にはどのようなものがあるのだろうか。大きくわけると以下の2つのような要求がでてくる。

(1) 文字・言葉について調べたい。
　　意味、読み方、読み方の難しいもの、古語、語源、新語、外来語、方言、隠語、類語、ことわざ、格言、発音等を調べたい
(2) 事柄、事実や概念について調べたい。

形状、色彩、呼び名、種類、数量、どのような法則があるのか等を調べたい

　なお、それぞれの主題の用語などについては、各専門用語辞典にあたると詳しい説明を確認することができる。
　　例　日本語-手話辞典、哲学事典、新社会学辞典、発達心理学辞典、図書館情報学用語辞典
以下、情報要求に対応していく際、主に使用するツールを紹介する。

2　言語、事物、概念に関するネットワーク情報資源

2.1　文字・言葉について調べる
(1)無料オンライン電子辞書
・Weblio〈https://www.weblio.jp/〉（ウェブリオ）
　：500以上の複数の辞書や用語集を横断的に検索可能である。
・goo 辞書〈https://dictionary.goo.ne.jp/〉（NTT レゾナント）
　：現代日本語、カタカナ語・古語・専門語・故事・慣用句を収録し、「デジタル大辞泉」や「漢字ペディア」、「プログレッシブ英和」、「プログレッシブ和英中辞典」などから検索可能である。
・bab.la〈https://bab.la/〉（bab.la）
　：28言語（2020年3月現在）対応の多言語辞書、翻訳も利用可能である。
・GigaDict〈http://gigadict.com/〉
　：75言語（2020年3月現在）の多言語辞書、多言語専門用語辞典も利用可能である。
・英辞郎 on the WEB〈https://www.alc.co.jp/〉（アルク）
　一般的な英単語だけでなく、経済、法律、医学英語やスラングなども検索可能である。
・Unihan Database Search Page〈http://unicode.org/charts/unihansearch.html〉（ユニコード）
　：音読みや訓読みから漢字を検索可能である。入力はローマ字を使う。

第Ⅱ部　情報サービスの実践

・Encyclopædia Universalis France〈https://www.universalis.fr/〉
：フランス語の百科事典を横断検索可能である。
・Treccani〈http://www.treccani.it/〉
：イタリア語の百科事典・辞典を横断検索可能である。

2.2　事柄、事実や概念について調べる

・Encyclopedia.com〈https://www.encyclopedia.com/〉
：Oxford University Press の参考図書や Columbia Encyclopedia の収録情報を検索、閲覧できる。
・Encyclopedia Britannica〈https://www.britannica.com/〉（ブリタニカジャパン）
：「ブリタニカ国際大百科事典」を提供。オーストラリア、ブラジル、中国、インド、日本、ラテンアメリカ、イギリス用のサイトがある。［有料、一部無料表示可］
・Encyclopedia Britanica Online Japan〈https://www.britannica.co.jp/index.shtml〉
：「ブリタニカ国際大百科事典」を編集・加工し、マルチメディアデータの追加、更新、削除を行って提供。［有料］
・学研キッズネット　辞典〈https://kids.gakken.co.jp/jiten/〉
：子ども用の百科事典検索サイトである。
・One Look Dictionary〈http://www.onelook.com/〉
：1,061の辞書18,955,870 語収録。海外のサイト、一度に多くの辞書を同時検索可能である。

2.3　文字・言葉、事柄、事実や概念などを含む横断検索が可能

・Wikipedia〈https://ja.wikipedia.org /〉（ウィキペディア）
：誰でも編集や修正が可能であり、多様な分野からの検索ができるフリー百科事典である。
・JapanKnowledge〈https://www.japanknowledge.com/〉（ネットアドバンス）［有料］
：「日本大百科全書」、「国史大辞典」、「日本人名大辞典」、「日本国語大辞典」、「字通」「ランダムハウス英和大辞典」など様々なものが含まれている。

第7章　言語、事物、概念に関する情報の探し方

- コトバンク〈https://kotobank.jp/dictionary/〉（朝日新聞社）
  ：「デジタル大辞泉」、「大辞林」、講談社、小学館などの辞書から、用語を一度に検索可能である。
- 楽天Infoseek辞書〈http://dictionary.infoseek.ne.jp/〉
  ：英和・和英辞典、国語辞典、人物辞典、知恵蔵などマルチに対応した検索が可能である。
- 辞書横断検索Metapedia〈http://metapedia.jp/〉
  ：ネット公開されている508の辞書・辞典・用語集サイトを一括検索可能である。
- 新語辞典〈https://shingojiten.jimdofree.com/〉（Jimdo）
  ：新語と言われる言葉を意味だけでなく、使い方や言葉の背景まで解説する。

3　言語、事物、概念に関する冊子体の情報資源

3.1　文字・言葉について調べる

(1)一般的な日本語の意味を調べる

- 日本国語大辞典　第2版（小学館）2000-2002　13巻＋別巻1巻
  ：500,000項目数、1,000,000の用例、言葉の意味、語源、発音、アクセントなど示されている。
- 広辞苑　第7版（岩波書店）2018　2冊＋付録1冊
  ：250,000項目収録、言葉の意味だけでなく、現代語やカタカナ語も調べることが可能である。
- 大辞林　第4版（三省堂）2019　1冊
  ：251,000項目収録、言葉の中でも特に現代語の記述に重点をおき解説する。
- 大辞泉　第2版（小学館）2012　2巻＋DVD-ROM
  ：ことわざ慣用句、難読語などを含む250,000項目収録。類語・漢和辞典としても利用可能である。
- 新編大言海（冨山房）1982　1冊
  ：古語を中心に普通語のほかに漢語、方言、外来語など約98,000語を収録する。
- 新明解国語辞典　第7版（三省堂）2012　1冊

：項目数77,500とやや少ないが、独自の視点で語の解釈を説明しており、他の辞典と引き比べをするのに有用である。

(2) 漢字や熟語の読み方を調べる

- 大漢和辞典　修訂第2版（大修館書店）1990-2000　13冊＋別巻2冊
  ：親字約50,000字、熟語約530,000語を収録し、解説には用例、出典、図版を掲載する。
- 大漢語林（大修館書店）1992　1冊
  ：親字14,000字を収録、充実した語例、用例がある。JIS漢字はすべて収録する。
- 字通（平凡社）1996　1冊
  ：見出し漢字10,000字を収録、熟語総数22,000語、漢字の成り立ちや意味を解説する。
- 字統　新訂（平凡社）2004　1冊
  ：収録字数約7,000、項目は50音順に配列し、漢字の成り立ちを歴史的に説明する。
- 字訓　新訂（平凡社）2005　1冊
  ：漢字の訓義をその定着過程を通じて、漢字の原義と日本語の訓読みの関連性を解説する。

(3) 読めないことばを調べる

- ウソ読みで引ける難読語辞典（小学館）2006　1冊
  ：日常生活の中で出会う難読語、読めない漢字約3,000語を「ウソ読み索引」から探せる。漢字から検索できる「漢字別項目索引」、「代表音訓索引」付きである。
- 日本難訓難語大辞典（遊子館）2007　1冊
  ：通常の読み方では調べることが難しい慣用語と言葉など約16,000項目を採録する。
- 三省堂難読漢字辞典（三省堂）2009　1冊
  ：暮らしの中の難読漢字を精選し、25,000語収録。漢字と読みから検索可能である。
- 当て字・当て読み漢字表現辞典（三省堂）2010　1冊
  ：ひらがなとカタカナの見出し約11,000を現代かなづかいで示し、用例、出典を掲載する。

(4)昔の言葉について調べる

- 角川古語大辞典（角川書店）1982-1999　5冊
  : 上代から近世末までに使用された約80,000語彙を収録、見出し語、語義、典拠を掲載する。
- 岩波古語辞典　補訂版（岩波書店）1990　1冊
  : 約43,000語を収録し、5,000種に及ぶ文献資料から得た用例を基に語釈を掲載する。
- 古語大辞典（小学館）1983　1冊
  : 上代から近世に至るあらゆる分野の文献の言葉から55,000語を収録、上代特殊仮名遣いを詳説する。

(5)語源について調べる

- 日本語源大辞典（小学館）2005　1冊
  : 約6,000語を収録し、言葉の語源説を示し、付録には、語源説の出典解説も付く。
- 暮らしのことば新語源辞典（講談社）2008　1冊
  : 日々の暮らしに関係のある言葉、3,500項目（カタカナ語含む）の語源について解説する。
- 日本語源広辞典　増補版（ミネルヴァ書房）2012　1冊
  : 慣用句や同音異義語を含む約40,000語の日本語に関する語源を平易に解説する。地名、季節名、動植物名、食べ物名、カタカナ用語に分けた索引も付く。
- 語源を楽しむ（ベストセラーズ）2005　新書1冊
  : 自然、人の世、社会、家政、人間、文化、などのカテゴリーに分け、言葉の由来を解説する。

(6)新しい言葉について調べる

- 現代用語の基礎知識［年刊］（自由国民社編）1948-
  : その年話題となった出来事を取り上げ、多様な分野の新語、重要語を解説する。
- 朝日キーワード［年刊］（朝日新聞社）1983-
  : 日本と世界のその年話題となった出来事を取り上げ重要な出来事をコンパクトに解説する。

- **外来語新語辞典　ポケット版**（成美堂出版）2015　1冊
  :世界の最先端の情報を、的確・平易に解説する。
- **見やすいカタカナ新語辞典　第3版**（三省堂）2019　1冊
  :社会生活に必須のカタカナ語約13,500語を収録する。詳しい解説、補説が付く。

(7)外来語について調べる

- **角川外来語辞典　第2版**（角川書店）1977　1冊
  :約25,000語を収録、原語、語源、語義の解釈・説明、出典・引用文献などを示す。
- **デイリーコンサイス外来語辞典　第3版**（三省堂）2011
  :日常生活に必須のカタカナ語とアルファベット略語24,000項目を収録。

(8)方言について調べる

- **全国方言辞典**（東京堂出版）1951　1冊
  :約40,000語を収録し、それぞれの語義と使用地域を明らかにしている。
- **日本方言大辞典**（小学館）1989　3冊
  :近世以降の方言約200,000項目を収録し、使用地域や方言分布地図178枚も収載する。
- ＊どこの地域の方言か特定されたら、その<u>地域限定の方言辞書</u>を確認する。
  　例：<u>会津</u>方言辞典、<u>京</u>ことば辞典、<u>大阪</u>ことば辞典、<u>琉球</u>語辞典など
- **日本方言辞典：標準語引き**（小学館）2004　1冊
  :150,000項目の方言を採録し、標準語見出しに対応する方言と使用地域名を示す。
- **現代日本語方言大辞典**（明治書院）1992-1994　9冊
  :23万語収録、共通語から各地の方言形が引け、正確な発音とアクセントまで明記。

(9)隠語について調べる

- **新修隠語大辞典**（皓星社）2017　1冊
  :明治以降から昭和40年代前半までに出版された資料から、使用時代、地域なども示す。
- **日本俗語大辞典**（東京堂出版）2003　1冊
  :明治期以降のつかわれにくい言葉6,300語を見出しとし、約12,000の用例から解説

する。

(10)類語について調べる

- 日本語大シソーラス：類語検索大辞典　第2版（大修館書店）2016
  ：日本語の語彙約330,000語を、1,034のカテゴリーに分類したものから言葉を探索可能である。約40,000語の索引語も収録されている。
- 類語大辞典（講談社）2002　1冊
  ：見出し語総数は、約79,000語、見出し語には、読み、語釈、豊富な用例付き。
- 類語国語辞典（角川書店）1985　1冊
  ：現代語に新語・連語2,000余語を加え、用例・語釈・位相・対意語・参照番号を記載する。
- 類語辞典（講談社）2008　1冊
  ：文章を書いたり俳句・短歌を詠むときに、合う言葉66,200項目を収録する。

(11)ことわざ・名言・格言について調べる

- 成語林：故事ことわざ慣用句（旺文社）1993　1冊
  ：故事、ことわざ、四字熟語など約17,000項目収録。原文の読み方、訳などを記載する。
- 知っておきたい日本語の名言・格言事典（吉川弘文館）2005　1冊
  ：歴史上の日本人114名の言葉。生年順に配列し、人物紹介・文意・要旨・出典などを示す。
- 故事成語名言大辞典（大修館書店）1988　1冊
  ：四書五経、歴史・文学などあらゆる分野から、7,000近くの名言名句を精選して収録する。
- 故事俗信ことわざ大辞典　第2版（小学館）2012　1冊
  ：約43,000項目を収録、故事は日本・中国、ことわざは日本・中国・西洋を扱う。
- 成語大辞苑故事：ことわざ名言名句（主婦と生活社）1995　1冊
  ：見出し語数5,000、各語に出典、分類、意味、解説、対応する英語、使用例などを明記する。

第Ⅱ部　情報サービスの実践

- 世界ことわざ大事典（大修館書店）1995　1冊
  ：世界99地域のことわざに聖書などの古典も加え9,000余例を収録する。本文は日本語である。
- ことわざ辞典　ポケット版（成美堂出版）1995　1冊
  ：2,400種の「日常生活で使える」ことわざが、容易な解説とともにまとめられている。
- 動植物ことわざ辞典（東京堂出版）1997　1冊
  ：動植物に関することわざや語句3,200項目を収録し解説する。

⑿発音について調べる

- NHK日本語発音アクセント新辞典（NHK出版）2016　1冊
  ：約75,000語をかな見出しとし収録、発音アクセントを示している。
- 新明解日本語アクセント辞典　第2版（三省堂）2014　1冊
  ：東京の発音、アクセントを中心に収録したものである。

⒀英語、外国語の単語について調べる

- 研究社新和英辞典　第5版（研究社）2003　1冊
  ：約130,000をかな見出しとし、総収録項目数480,000である。対応する英訳付きである。
- 研究社新英和辞典　第6版（研究社）2002　1冊
  ：260,000語を収録し、用例が豊富であり、語源や語法の説明も充実する。
- 小学館ランダムハウス英和大辞典　第2版（小学館）1994　1冊
  ：収録語数315,000語、用例は、175,000語である。
- 小学館プログレッシブ和英中辞典　第4版（小学館）2011　1冊
  ：時事語、専門語を中心に収録項目数93,000である。豊富な慣用表現で解説する。
- リーダーズ英和辞典　第3版（研究社）2012　1冊
  ：専門語、固有名、イディオムなど約280,000項目を収録する。
- Oxford English Dictionary（OED）第2版（オックスフォード大学出版局）1989　20冊
  ：500,000以上の語の語源や語義、語形、発音の変遷を詳述し、特に語の歴史的変遷

を解説する。

- 小学館ロベール仏和大辞典（小学館）1988　1冊
  ：収録数120,000語、合成語を見出しとし、訳語の後に簡単な説明付きである。
- ラルース仏和大辞典（白水社）2001　1冊
  ：フランス人の思考プロセスを追究した精選8,000語を軸に解説する。
- 独和大辞典　第2版（小学館）1998　1冊
  ：見出し語収録数160,000語、発音、語義、8,000の用例、語源を解説する。
- 新現代独和辞典（三修社）2008　1冊
  ：見出し語110,000収録し、新語や専門用語、語義、用例、類義、反意語などの関連語を掲載する。
- 小学館西和中辞典　第2版（小学館）2007　1冊
  ：スペイン語圏を包括した見出し語収録数80,000語、新語なども調べることが可能である。
- 小学館伊和中辞典　第2版（小学館）1999　1冊
  ：見出し語75,000語、ことわざや成句90,000の用例を収録し、言葉でわかりづらい300項目1,300点は、図版で解説する。
- 中国語大辞典（角川書店）1994　2冊
  ：収録語数は260,000語。話し言葉、方言言葉、専門語彙、旧語、新語などを収録する。
- 韓日辞典　全面改定版（三修社）2006　1冊
  ：見出し語約139,000語、慣用句約3,000語収録。新語、専門語、新語などを網羅する。

3.2　事柄、事実や概念について調べる

(1) 一般的な事柄、事実や概念

- 世界大百科事典　改訂新版（平凡社）全35巻
  ：大中小項目約70,000項目収録し、専門的なニーズにも適応できるような詳しい解説である。
- ブリタニカ国際大百科事典　第3版（TBSブリタニカ）1995　全28巻
  ：大項目主義で、必要に応じて解説を補足する。

第Ⅱ部　情報サービスの実践

- 日本大百科全書（小学館）1994-1997　全26巻
  ：約130,000項目の小項目主義の事典、索引項目500,000、地方史や郷土史を扱う。
- 小学館こども百科（小学館）2011　全1巻
  ：総合的な学習に対応するため、189テーマを50音順に収録。ネットガイドも充実する。
- 総合百科事典ポプラディア（ポプラ社）2011　全12巻
  ：項目数24,500を網羅し、50音順に配列。小学4年生以上の漢字はふり仮名付き。
- 数え方の辞典（小学館）2004　1冊
  ：約4,600語を選びその数え方を示し約600語の助数詞・単位を意味と用法を解説する。
- 丸善単位の辞典（丸善）2002　1冊
  ：全世界の歴史上の単位から最新の単位、および単位に類する5,200項目を収録する。
- 新日本大歳時記カラー版　愛蔵版（講談社）2008　1冊
  ：古典的名句と近現代の秀句・全30,000句、季語15,000を収録する。
- 理科年表［年刊］（丸善）1924-
  ：暦、天文、気象、物理、化学、地学、生物分野の数値、図表、統計などを収録する。

(2)専門分野の事柄、事実や概念（一例）

- 社会福祉用語辞典　第9版（ミネルヴァ書房）2013　1冊
  ：児童福祉から高齢者福祉まで社会福祉に関わる専門用語を50音順に収録する。
- 介護福祉学事典（ミネルヴァ書房）2014　1冊
  ：介護福祉学についての言葉を16分野に分けて解説する。
- 保育用語辞典　第8版（ミネルヴァ書房）2015　1冊
  ：保育に関する基本用語を分野別に配列する。巻頭に50音順索引付きである。
- 教育用語辞典（ミネルヴァ書房）2003　1冊
  ：教育に関わる約1,800項目の専門用語を50音順に配列し収録する。
- 新しい世紀の社会学中辞典　新版（ミネルヴァ書房）2005　1冊
  ：欧米の社会学用語を収録した『ペンギン社会学辞典』の翻訳で、用語はアルファベット順に配列する。別に和文項目一覧という50音順索引に相当するものが付けられている。

第 7 章　言語、事物、概念に関する情報の探し方

・**人事労務管理用語辞典**（ミネルヴァ書房）2007　1 冊
　：雇用、人事、労働、組織、管理に関する用語、人名、団体名、法令名などを50音順に収録する。

④　目的別情報資源の使い方

4.1　文字・言葉ついて調べたい
(1)ネットワーク情報資源で探す
　一般的な文字や言葉などを調べる時は、**Weblio**、**コトバンク**、**goo 辞書**などのネットワーク情報資源で確認する。

(2)冊子体情報資源で探す
　冊子体で文字・言葉について調べる時、読みがわかっていれば、**日本国語大辞典**を使い、読みがわからない場合は、**大漢和辞典**を確認する。特に読み方の難しい言葉を探すときは、**難読語辞典**、**日本難訓難語大辞典**、**三省堂難読漢字辞典**を使うと効率よく探すことができる。一般的な日本語の意味を調べるとき、引き比べとして合わせて用いたい辞典が、**新明解国語辞典**である。

4.2　事柄、事実や概念について調べたい
(1)ネットワーク情報資源で探す
　事柄、事実や概念について探す時は、**ウィキペディア**を使い、情報の手がかりを得てから、情報の正確性を確かめるために、**JapanKnowledge** などを用いる。

(2)冊子体情報資源で探す
　冊子体で事柄、事実や概念について調べる時、ネットでまず得られる手がかりを確認した上で、その主題の専門の事典へあたる。主題がわからない時は、まず、**世界大百科事典**、**ブリタニカ国際大百科事典**、**日本大百科全書**などを用

いて手がかりを得てから、それぞれの主題を把握し、必要があればその主題の専門事典で確認する。

◆演習問題7-1　本章で紹介した情報資源などを活用して、以下のレファレンス質問に回答しなさい。

1．出世魚とはどのようなものであるか、なんという魚がどのように出世するのかを調べたい。
2．曇り時々雨、曇り一時雨、曇りのち雨は、同じ意味なのか、違う意味なのか。違う意味であれば、どのように違うのか知りたい。
3．七福神について、どのような神なのかを知りたい。
4．郵便番号はいつ制定されたのか知りたい。
5．171という電話番号はどのようなときに使うのか知りたい。また使い方も知りたい。
6．アーキビストというのはどのようなことをする職業の人か知りたい。
7．ロゴスというのは、何語で日本語では何を意味するのか知りたい。
8．キログラムとグラムを漢字ではどのように書くか知りたい。
9．インパクト・ファクターとはどんなものなのか知りたい。
10．震度4とマグニチュード4は同じ意味なのか、違う意味なのか。違う意味であれば、どのように違うのか知りたい。
11．鯨尺とは、どのようなものか知りたい。また鯨で出来ているものなのかも知りたい。
12．フードマイレージとはどのような意味であるのかについて調べたい。
13．「下駄も阿弥陀も同じ木の切れ」という文言の意味を調べたい。
14．洗柿というのが何を示しているのか知りたい。
15．メラネシアとは何を示しているのか知りたい。
16．「しもつかれい」という郷土料理は、どのような料理で、どの地域で食べられているか調べたい。
17．「物言えば唇寒し秋の風」は、誰が言った文言なのか、またその意味に

ついても知りたい。
18. NPOとNGOの違いは何か知りたい。
19. リヤカーという言葉は、どこの国でつくられた［語源］、どのような意味の言葉か知りたい。
20. ベラム（ヴェラム）とは、どのようなものを指しているのか知りたい。
21. 「HACCP」とは、どのようなものであるのかについて調べたい。
22. 未曾有の語源を知りたい。また、「みぞうゆ」と読むのは正しいのかも知りたい。
23. テルミンとは、何に使うものなのか知りたい。
24. 嚥下障害とは、どのような障害か知りたい。
25. 枕詞とは、どのような詞なのか知りたい。
26. 銘仙とは、どのようなものか知りたい。
27. 指南という言葉の語源を知りたい。
28. 「馬齢を重ねる」とは、どのようなことを指しているのか知りたい。
29. シロウオとシラウオは、同じものを指しているのか。違うなら何が違うのか知りたい。
30. 疳の虫とは、どのような虫なのか。実際にいる虫なのかも知りたい。
31. ヤマメとサクラマスは、違う魚なのか。何が違うのかが知りたい。
32. モモンガとムササビの違いを知りたい。
33. WASPとは、何のことか知りたい。
34. 粘葉装とは、どのように読み、何か知りたい。
35. 朧夜とは、どんな夜なのか知りたい。
36. 馬酔木とは、何と読むのか知りたい。
37. 電子計算機とは、どういうものをいうのか知りたい。
38. ルネサンスの三大発明を知りたい。
39. 三顧の礼とは、誰が、礼したことに由来するのか知りたい。
40. リアス式海岸のリアス式とは何か知りたい。
41. シリアスと同じような意味を持つ言葉を調べたい。

42. 黄金比とは、何か知りたい。
43. 星の嫁入りとは、どこの方言で、どのような意味か知りたい。
44. 「三歳の翁百歳の童子」はどのようなことを指しているのか知りたい。
45. 口腔とは、何と読むか知りたい。
46. 亜爾然丁は、何と読むのか知りたい。
47. 「いびつ」の語源が知りたい。
48. 昔使っていたという「こうべい」とは、どんな言葉なのか知りたい。
49. 懇丹とは、どのような意味か知りたい。
50. 桂離宮とは、何から離れているのか知りたい。

◆演習問題7-2　本章で紹介した情報資源などを活用して、以下のレファレンス質問に回答しなさい。

1. 瓊筵とは、どのようなことを指しているのか知りたい。
2. ヘルメス思想とは、どんなことか知りたい。
3. 近交系とは、何か知りたい。
4. スチューデント・アパシーとは何か知りたい。
5. スティグマの意味と語源を知りたい。
6. 日本の青表紙本と英国の Blue book は同じものを指しているのか知りたい。もし、違うならどう違うのかも知りたい。
7. 五山文学とは何か知りたい。
8. 柿経とは、何と読み、どんなものを指しているのか知りたい。
9. バンジョーとは、どんなものなのか知りたい。
10. 神饌とは、何か知りたい。
11. 電子顕微鏡と光学顕微鏡に違いはあるのか。違うならば、どのように違うのかも知りたい。
12. ホタテに目はあるのか知りたい。もしあるならば、どんな目だろうか。
13. 空色と水色は、同じなのか違うのか。
14. 乙夜の覧とは、どんなことを指しているのか知りたい。

15. 蝶と蛾に違いはあるのか知りたい。
16. LED は、何の頭文字か知りたい。
17. 華盛頓の読み方を知りたい。
18. 按針塚の按針とは、何のことを指しているのか知りたい。
19. 雲は、何からできているのか知りたい。
20. automatic pencil とは何か知りたい。
21. マニュアル車とオートマ車の違いを知りたい。
22. 魚つき林とは、何か知りたい。
23. 舞文曲筆とは何か。
24. 外面似菩薩内心如夜叉とは何か。
25. 南蛮菓子とは、どんなものだろうか知りたい。
26. MD とは、アメリカのどこの州だろうか。
27. 信金と信組の違いを知りたい。
28. No Cross, no crown. とは何か知りたい。
29. 組織スラックとは何か知りたい。
30. タックスヘイブンとは何か知りたい。
31. 議会の修正動議とは何か知りたい。
32. 地役権とは何か知りたい。
33. 鰊曇りとは何か知りたい。
34. いざよいの月とは何か知りたい。
35. カノッサの屈辱とは何か知りたい。
36. Care killed the cat. とはどのような意味か知りたい。
37. 芒種とは、何か知りたい。
38. 米西西皮とは、何と読むのか知りたい。
39. 樹懶とは、何か知りたい。
40. コノコ、スジコ、ブリコ、タラコは、それぞれ何の卵か知りたい。
41. ピアジェの「三つの山」とは、何のことか知りたい。
42. 「神便」とは、何のことか知りたい。

43. ベンゼンとは、何か知りたい。
44. α、β、γは、何語で使われている文字か知りたい。
45. 「できぼし（出来星）」とは日常どのように使われる言葉なのか知りたい。
46. 手話で「小さい犬」をどう表現するのか知りたい。
47. 「天災は忘れたころにやってくる」は、誰の言葉か知りたい。
48. 甲子飯とは、何か知りたい。
49. 本節の数え方は何か知りたい。
50. 「犇」はどう読むのだろうか。

| 第8章 | 法令、条例、判例、政府・行政情報の探し方 |

1　法令情報の探し方

　法令とは、国が制定した法律と行政機関が制定した命令を合わせた呼称であり、地方公共団体が制定した条例や規則を含めて捉える場合もある。国の法令には、憲法、法律、命令などが挙げられる。国の最高法規である憲法の定めにしたがって、国の議決を経て制定されるものが法律である。命令は法律に対する観念であり、政令、省令、府令などがこれに該当する。一方、地方公共団体でこれに相当するものには、条例と規則が挙げられる。地方公共団体は、自治権に基づいて法を制定することができる。このうち、議会の議決を経て制定されるものを条例、地方公共団体の長が定めたものを規則という。
　一般的に法令に関する情報要求には、どのようなものがあるのだろうか。大きくわけると以下の3つのような要求がでてくる。

---

(1)現行法令を調べたい。
(2)ある時点での法令を探したい。
(3)自治体の条例を確認したい。

　なお、それぞれの主題の用語などについては、各専門用語辞典にあたると詳しい説明を確認することができる。

第Ⅱ部　情報サービスの実践

1.1　法令情報に関するネットワーク情報資源

・法令データ提供システム（総務省行政管理局）〈http://law.e-gov.go.jp/〉
：法令（憲法、法律、政令、勅令、府令、省令、規則）に関し、施行および未施行法令の全文を提供。「法令用語索引」では法令の条文中に含まれる用語から、「法令索引検索」では法令名に含まれる用語・50音順・事項別分類・法令番号から法令を探すことができる。

・インターネット版「官報」〈https://kanpou.npb.go.jp〉
：「官報」は、法律・政令・条例等の交付を知らせるため、制定時の条文を確認することができる。インターネット版では2003（平成15）年7月15日以降から提供されているが、直近30日間は全文を、それ以前は法令部分のみを無料で閲覧することができる。検索機能はない。国立印刷局が提供する。

・官報情報検索サービス〈https://search.npb.go.jp/kanpou/〉
：「官報」（本紙、号外、政府調達公告版、資料版、目録）の検索を有料で提供している。2010（平成22）年5月3日から当日発分が収録されており、日付検索と記事検索が可能である。国立印刷局が提供する。

・日本法令索引〈http://hourei.ndl.go.jp/〉
：1886（明治19）年2月公文式施行以降の省令以上の法令を対象に、制定・改廃経過等の情報を検索可能。「法令索引」と「法案索引」がある。「法令索引」では現行法令、廃止法令、制定法令を、「法案索引」では法律案、条約承認案件を検索できる。リンクにより本文情報や審議内容が参照できる。国立国会図書館が提供する。

・日本法令索引［明治前期編］〈http://dajokan.ndl.go.jp/〉
：1867（慶応3）年10月大政奉還から1886（明治19）年2月公文式施行に至るまでに制定された法令の索引情報を検索可能である。国立国会図書館デジタルコレクションまたは国立公文書館デジタルアーカイブに搭載されている場合は、リンクにより法令本文が参照可能である。

・国会会議録検索システム〈http://kokkai.ndl.go.jp〉
：第1回国会以降の本会議、委員会等すべての会議録情報を検索可能。データは毎日1回更新されている。「簡易検索」と「詳細検索」ではテキスト検索ができ、会議録の画像はPDF形式で閲覧できる。さらに各会議の選択閲覧もできる。国立国会図書館が提供する。

第 8 章　法令、条例、判例、政府・行政情報の探し方

・帝国議会会議録システム〈http://teikokugikai-i.ndl.go.jp〉
　：帝国議会全会期の本会議・委員会の会議録情報を検索可能である。記録は画像で提供されており、1945（昭和20）年9月以降は発言内容からの検索やテキスト閲読もできる。期間や院名、会議名等からの検索の他、各会議録の選択閲覧もできる。国立国会図書館が提供する。

・D1-Law.com「現行法規」〈https://www.d1-law.com〉［有料］
　：有料の法情報総合データベース。『現行法規総覧』の法令情報をもとに構築して検索機能を付加した「現行法規」と、『判例体系』のインターネット版であり『判例タイムズ』の解説情報も登載している「判例体系」、法律関係の図書や専門誌や新聞掲載の法律関係署名論文等の書誌情報が収録されている「法律判例文献情報」がある。それぞれが相互にリンクされており、総合的に法情報を確認できる。第一法規が提供する。

・Westlaw Japan〈http://www.westlawjapan.com/〉［有料］
　：日本の現行法令、廃止法令及び戦前の判例を含む260,000万件以上の判例を検索することができる。なお、同様の内容で、アメリカ合衆国を対象とする Westlaw Next、中国を対象とする Westlaw China、インドを対象とする Westlaw India、湾岸諸国を対象とする Westlaw Gulf などがある。

・Lexis.com〈http://www.lexisnexis.jp/ja-jp/Home.page〉［有料］
　：アメリカ合衆国の法令や判例を中心に、イギリス、カナダ、EU などの多くの法情報を検索可能である。レクシスネクシス・ジャパンが提供する。

・Super 法令 Web
　〈https://shb.legal-square.com/SHB-Shohin/page/SWLawInfoList.jsf#〉［有料］
　：法務省編集の法令集『現行日本法規』に基づく法令データベースで、現行法令を検索できる。ぎょうせいが提供する。

・WorldLII〈http://www.worldlii.org/〉
　：オーストラリア、イギリス、カナダ、香港などの法情報機関が連携し運営する法令の総合データベースで、世界の法令を調べることができる。World Legal Information Institute が提供する。

・国立公文書館デジタルアーカイブ〈https://www.digital.archives.go.jp/〉
　：憲法をはじめとする日本の法律の御署名原本を電子化したものを検索し、見ること

117

ができる。また、一部の法律案の審議状況を記した文書も検索可能となっている。
- 全国自治体リンク 47〈http://www.daiichihoki.co.jp/jichi/47link/〉
  :第一法規提供の各地方公共団体の広報や例規集（条例集）へのリンク集である。
- 都道府県公報
  〈http://warp.da.ndl.go.jp/contents/reccommend/collection/pref_gazette.html〉
  :国立国会図書館のインターネット資料収集保存事業（WARP）において収集された、各都道府県のWebサイトに掲載された公報を保存したものである。現在の公報掲載ページへのリンクもある。
- 規則集（裁判所）〈http://www.courts.go.jp/kisokusyu/〉
  :最高裁判所規則の主要なものを掲載している。
- 所管の法令・告示・通達等（e-Gov）〈http://www.e-gov.go.jp/link/ordinance.html〉
  :府省庁ごとに所管する法令・告示・通達を検索し確認できる。
- e-hoki〈http://www.e-hoki.com〉［一部有料］
  :新日本法規出版が提供する日本の法令についてのニュースや法改正のポイントなどの情報を確認することができる。
- 日本法令外国語訳データベースシステム〈http://www.japaneselawtranslation.go.jp〉
  :日本の法令を英訳したものについて、検索可能である。公定訳ではなく、国際的な理解を深めるための参考資料として位置づけられている。法務省が提供する。

1.2　法令情報に関する冊子体情報資源

- 現行法規総覧（第一法規出版）
  :改正部分が差し替えにより更新される加除式資料であり、衆参の法制局が編集した総合法規集である同様のものに、法務省が編集している『現代日本法規』（ぎょうせい）がある。いずれの現行法令集も100巻に及んでいる。
- 六法全書［年刊］（有斐閣）
  :毎年、発行年の1月1日現在の内容を収録した法令集である。
- 官報［日刊］（国立印刷局）
  :制定時の条文を確認できる『官報』は、1883（明治16）年7月2日創刊である。創刊号から1952（昭和27）年4月30日までは、国立国会図書館デジタルコレクションの「官報」にて画像データを確認できる。

- **法令全書**［月刊］（国立印刷局）
  ：官報に掲載された法令を種類ごとにまとめて毎月発行される。官報刊行前の1867（慶応3）年からの法令も調べられる。
- **各地方公共団体の公報および例規集**
  ：条例の公布は、各地方公共団体の公報へ掲載され、現行の条例は例規集に掲載される。したがって、所蔵している公報や例規集を確認する。
- **実践自治 Beacon Authority**［年4刊］（イマジン出版）
  ：「自治体情報誌 D-file」の別冊である。3か月ごとに発行され、最新の条例や施行の紹介がされている。
- **現代法律百科大辞典**（ぎょうせい）全8巻
  ：法律に関する身近な用語から専門用語の解説を確認できるとともに、判例索引からも調べられる。
- **新解説世界憲法集：第3版**（三省堂）
  ：イギリス、アメリカ、カナダ、イタリア、ドイツ、フランス、スイス、ロシア、中国、韓国、日本の憲法条文を収録し、解説を付している。
- **国際条約集**（有斐閣）［年刊］
  ：日本と諸外国の主要な条約文だけではなく、国連などの国際機関の主要な文書も収録する。
- **外国の立法**（国立国会図書館調査及び立法考査局）
  ：外国の法令の翻訳紹介、制定経緯の解説、外国の立法情報を収録している逐次刊行物である。2002年以降のものは、国立国会図書館の Web サイトで閲覧可能である。

② 判例情報の探し方

　裁判は民事裁判と刑事裁判とに大別されるが、一連の訴訟過程を経て裁判所が下す法判断の一つが判決である。そのうち、先例として一般性を持つ過去の裁判例を判例という。裁判における全記録である訴訟記録に対し、判例集には判決主文や理由が収録されている。当然、多くの裁判のうち判例となるものは一部に過ぎず、その判例も判例集に集録されないものが多く存在する。

第Ⅱ部　情報サービスの実践

判例に関する質問には、次のようなものが想定される。

---
(1)特定の判例を探したい。
(2)特定事項に関する判例を探したい。
(3)判例評釈を確認したい。

2.1　判例情報に関するネットワーク情報資源

・**裁判例情報**（裁判所）〈http://www.courts.go.jp/app/hanrei_jp/search 1 〉
　：裁判所の裁判例情報を検索するシステムである。全判例の統合検索のほか、各裁判所および事件ごとに検索ができる。最近のものについては、最高裁判所判例集と下級裁判所判例集が過去3か月以内、知的財産裁判例集が過去1か月以内という一覧で確認できる。裁判要旨に加え、判例の全文もＰＤＦ形式で閲読可能である。

・**LEX/DB インターネット**（TKC）〈https://lex.lawlibrary.jp〉［有料］
　：各判例がフルテキストで提供されている。1875（明治8）年の大審院判例から今日までに公表された判例を網羅的に収録した「判例総合検索」のほか、「税務判例総合検索」「知的財産判例総合検索」などの分野別検索もある。

・**D1-Law.com「判例体系」**〈https://www.d1-law.com〉［有料］
　：1.1節参照。

・**Westlaw Japan**〈http://www.westlawjapan.com/〉［有料］
　：1.1節参照。

・**Lexis.com**〈http://www.lexisnexis.jp/ja-jp/Home.page〉［有料］
　：1.1節参照。

・**消費者問題の判例集**〈http://www.kokusen.go.jp/hanrei/〉
　：消費者関係の判例のなかでも、消費生活や消費者問題の参考になる判例について解説とともに紹介している。国民生活センターが提供する。

・**労働委員会関係命令・裁判例データベース**〈http://web.churoi.go.jp/〉
　：不当労働行為をめぐって争われた事件に関する都道府県労働委員会及び中央労働委員会から発せられた命令、労働委員会関係の判決などの情報を収録する。キーワー

ドによる検索が可能である。厚生労働省中央労働委員会が提供する。
- **判例秘書**〈http://www.hanreihisho.com/〉［有料］
  : 1948（昭和23）年以降の公式判例集、商業判例雑誌や大審院判決録、大審院判例集掲載判例、独自に収集した判例情報を検索できる。また、判例タイムズ、金融法務事情、金融・商事判例、労働判例に掲載された解説から判例自体を検索できるとともに、他の文献に掲載された引用からも判例自体を検索できる。LIC が提供する。

2.2　判例情報に関する冊子体情報資源

- **各裁判所別判例集**
  : 大審院、最高裁判所、高等裁判所、地方裁判所、簡易裁判所、家庭裁判所の判例が、民事事件と刑事事件別に収録されている判例集がある。例）最高裁判所民事判例集、最高裁判所刑事判例集、高裁民集、高裁刑集、家裁月報など。
- **分野別の判例集**
  : 行政裁判、労働関係、交通事故などの分野別判例集がある。例）行裁例集、労働民集、交通民集など。
- **判例時報**［旬刊］（判例時報社）
  : 判例紹介誌であり、主要な最高裁判所および重要な下級審判例の全文を掲載している。
- **判例タイムズ**［月刊］（判例タイムズ社）
  : 1948（昭和23）年に創刊し、法律実務家に役立つ判例情報や論文を収録する。
- **法曹時報**［月刊］（法曹会）
  : 1949（昭和24）年に創刊し、判例に関する学術論文、最高裁判例解説、法務省通達回答などを収録している。
- **ジュリスト**［月刊］（有斐閣）
  : 1952（昭和27）年に創刊し、判例情報を収録する。判例百選シリーズのような別冊や増刊が多数出されており、分野ごとの判例を通覧するのに有用である。

第Ⅱ部　情報サービスの実践

③　政府・行政情報の探し方

　国や地方公共団体の行政機関は公開を前提とした情報提供を行っており、図書館でも官公庁出版物や行政資料と呼ばれる形で従来から収集・提供されてきた。具体的には、国会・議会の議事録、公報、法令集、白書、統計、広報などがある。インターネット社会の到来により、これらの情報はインターネット上での提供も多くなってきている。

　政府・行政情報に関する質問には、次のようなものが想定される。

---
(1)統計の情報をみたい。
(2)社会的な現状が知りたい。
(3)行政から発信されている最新情報を確認したい。

3.1　政府・行政情報に関するネットワーク情報資源

・e-Gov 電子政府の総合窓口 〈http://www.e-gov.go.jp〉
　：総務省行政管理局が提供する総合的な行政情報ポータルサイトである。各府省などのWebサイトやデータベース、統計情報などへのリンクも確認できる。各府省所管の法令、告示、通達へのリンクもある。

・政府広報オンライン 〈http://www.gov-online.go.jp〉
　：内閣府大臣官房政府広報室の提供する国の行政情報に関するポータルサイトである。政府の政策や国民生活に関する情報などを発信している。各府省の新着情報もここで確認できる。

・政府刊行物 〈http://www.gov-book.or.jp/book/〉
　：全国官報販売協同組合による政府刊行物に関するページ。書籍の検索、新刊の確認のほか、省庁や分野別に確認することもできる

・e-Stat 政府統計の総合窓口 〈http://www.e-stat.go.jp/〉
　：総務省統計局の提供する政府統計に関するポータルサイトである。各府省などによ

る統計データや新着情報などの各種統計関係情報を集約して提供している。キーワード検索や府省別や統計分野別から調べることができる。キーワード検索を使う場合は、検索結果が最新統計データから表示されない場合があることに留意する。

・総務省統計局ホームページ〈http://www.stat.go.jp/〉
：調査名や分野別に各種統計を探せるほか、簡単な説明も付されている。さらに、政府による統計書へのリンクがトップページにあり、『日本統計年鑑』『日本の統計』『世界の統計』などが参照できる。サイト内検索を使うことで、キーワード検索も可能だが、検索結果は最新統計データから表示されない場合もあることに留意する。

・全国自治体マップ検索〈https://www.j-lis.go.jp/map-search/cms_1069.html〉
：地方公共団体情報システム機構が提供する地方公共団体（都道府県、市区町村）のWebサイトへのリンク集である。

・政府刊行物月報〈http://www.gov-online.go.jp/data_room/publication/〉
：政府公報オンライン内で提供される政府刊行物の刊行情報である。

3.2 政府・行政情報に関する冊子体情報資源

・ビジネスデータ検索事典 データ＆ DATA 2012［不定期刊］（日本能力協会総合研究所）
：分野・テーマごとにどの情報源にあたればよいか、公的統計・民間統計を含めた情報源を紹介した事典である。

・日本統計年鑑［年刊］（総務省統計局）
：日本の基本的な統計データを、網羅的かつ体系的に収録している。統計表には英文も付されている。

・日本の統計［年刊］（総務省統計局）
：日本の国土、人口、経済、社会、文化などの分野について、基本的な統計で編成されている。

・世界の統計［年刊］（総務省統計局）
：国際機関の提供している統計データをもとに、人口、経済、社会、環境などの分野を統計表にまとめている。

・日本都市年鑑［年刊］（第一法規）
：全国各都市の統計や資料を都市別に収録している都市総合年鑑。都市名索引もある。

- 世界統計年鑑［年刊］（原書房）
  ：世界各国の主要統計情報を収録している。
- 地方自治百科大事典（ぎょうせい）　5冊
  ：地方自治に関する用語を確認することができる。
- 地方公共団体総覧［年刊］（ぎょうせい）
  ：全国各自治体の行財政情報と最新の政策や条例ニュースを掲載している。

4　目的別情報資源の使い方

4.1　法令に関する情報資源の探索

(1)現行法令を確認したい

①ネットワーク情報資源で探す

　法令データ提供システムを使用して確認をする。「法令検索」において法令名、事項、法令番号から検索する。**日本法令索引**では「現行令検索」にて法令名や交付年月日からの検索ができ、法令沿革や審議過程が確認できる。**法令データ提供システム**などへのリンクもある。

②冊子体情報資源で探す

　現行法令を収録しているものには、『**現行法規総覧**』と『**現行日本法規**』がある。その他、分野を限らない法令集（『**六法全書**』など）や特定分野の法令集（『**教育小六法**』など）がある。冊子体は発行日と現行法令にずれがある場合もあり、注意が必要である。

(2)ある時点での法令を探したい

①ネットワーク情報資源で探す

　制定時のもので、2003（平成15）年7月以降ならば**インターネット版「官報」**を利用する。しかし検索機能がないため、制定日が不明の場合は**日本法令索引**から法令名を検索し、制定日を確認することが有効である。

第 8 章　法令、条例、判例、政府・行政情報の探し方

ある特定の時点ならば、有料データベースである D1-Law.com などを利用し、廃止された法令であれば、**日本法令索引 廃止法令**を使用する。

②冊子体情報資源で探す

　制定時であるならば制定日を頼りに『**官報**』を確認する。そのほか『**法令全書**』は官報の法令部分を編集した月刊誌であるため、こちらでも確認ができる。
　ある特定の時点ならば、その時点の法令が掲載された『**六法全書**』などを確認し、廃止された法令であれば『**現行日本法規**』の「主要旧法令」を確認する。

(3)地方公共団体の条例を確認したい
①ネットワーク情報資源で探す

　公報や例規集をインターネットに公開する地方公共団体は多い。そこで、条例を確認したい**地方公共団体の Web サイト上にある公報や例規集**を確認する。**全国自治体リンク 47、全国自治体マップ検索**、都道府県に限定されるならば WARP（国立国会図書館インターネット資料収集保存事業）**の都道府県公報**を使用する。

②冊子体情報資源で探す
　条例を確認したい地方公共団体の**公報**や**例規集**を確認する。

4.2　判例に関する情報資源の探索

(1)特定の判例を探したい
①ネットワーク情報資源で探す

　判例掲載資料がわかる時は、**当該判例資料そのもの**を確認する。判例資料の中には**国立国会図書館デジタルコレクション**で閲覧できるものがある。もし判例掲載資料がわからない時は、裁判所名、裁判年月日や事件番号などをもとに**裁判例情報**や有料の判例データベース（D1-Law.com や LEX/DB インターネットなど）を、有名な事件の場合は新聞や雑誌記事の索引のデータベースを利用し

125

て調べる。

②冊子体情報資源で探す
　判例掲載資料がわかる時は、**当該判例資料そのもの**を確認する。判例掲載資料がわからない時は、新聞や雑誌記事索引に収録されている場合があるため、確認する。

⑵特定事項に関する判例を探したい
①ネットワーク情報資源で探す
　有料の判例データベース（D1-Law.com や LEX/DB インターネットなど）にある検索機能を使用する。

②冊子体情報資源で探す
　法令の条文や論点ごとに編集されている判例要旨集や判例索引集（『判例年報』『判例体系』『新判例体系』など）を使用する。

⑶判例評釈（判例解説など）を確認したい
①ネットワーク情報資源で探す
　D1-Law.com 法律判例文献情報の「文献編」や国立国会図書館サーチ、CiNii Articles などで書誌情報を探し、CiNii Books などで所蔵情報を確認し、文献を入手する。

②冊子体情報資源で探す
　『最高裁判所判例解説』の民事編もしくは刑事編や『判例百選（別冊ジュリスト）』や月刊誌の一部として数件が掲載されている『法曹時報』『ジュリスト』などを確認する。

4.3　政府情報・行政情報に関する情報資源の探索

(1)統計の情報を探したい

　統計の情報を探す場合には、誰（どの組織）がデータを採っているのかを意識しながら探すことが大切である。

①ネットワーク情報資源で探す

　統計データを探す場合は、まず統計データ自体が存在するか、どのような形式公表されているかを確認しなければならない。日本の統計を調べるには、e-Stat 政府統計の総合窓口で、キーワードによる検索のほか、統計分野や作成機関別に探すことができ、統計自体も確認できる。

②冊子体情報資源で探す

　『ビジネスデータ検索事典 データ＆data』や『ビジネス調査資料総覧』で確認する。刊行が終了しているものの『統計情報インデックス』や『統計調査総覧』は継続して調査される統計調査の把握に有効である。基本的な統計であれば『日本の統計』や『世界の統計』を見る。

(2)社会的な現状が知りたい

①ネットワーク情報資源で探す

　e-Gov 電子政府の総合窓口の「白書、年次報告書等」に各府省の白書と年次報告書等へのリンクがある。白書は現在電子媒体で公開されているため、調べたい府省や分野の白書を選択し、確認をする。

②冊子体情報資源で探す

　白書は政府各省庁が分野ごとに発表する報告書である。したがって、調べたい分野の白書を確認する。白書には『食育白書』『高齢社会白書』『防災白書』『情報通信白書』など様々な種類がある。白書の種類は『白書の白書』や『政府刊行物等総合目録』などで確認する。

(3)行政から発信されている最新情報を確認したい
①ネットワーク情報資源で探す

　行政機関による最新情報は、当該機関のWebサイトを確認することが有効である。各機関のリンクは、国であればe-Gov電子政府の総合窓口の「府省別行政情報案内」からWebサイトのURLを、「各府省のソーシャルメディア」から公式のTwitterやFacebookを確認できる。地方公共団体であれば、**全国自治体マップ検索**でURLを確認したり、検索エンジンで当該団体のURLを検索したりして情報を確認する。「新着情報」として発信されていたり、公報や広報紙が電子媒体で利用できたりする。

②冊子体情報資源で探す

　公報や**広報紙**を確認する。しかし、広報紙は月刊であることが多いため最新情報を確認するためにはネットワーク情報資源を使う方が効果的である。

◆演習問題8-1　本章で紹介した情報資源などを活用して、以下のレファレンス質問に回答しなさい。
（法令に関する情報）
1．児童福祉法第4条の条文の内容を確認したい。
2．学校教育に関する法令で、現行法令と廃止法令にはどのようなものがあるか。
3．平成18年制定ではない、旧教育基本法の内容を確認したい。
4．IT法がいつ成立したのか知りたい。
5．平成18年に改正された教育基本法の英訳を確認したい。
6．治安維持法の全部改正はいつ行われ、廃止されたのはいつか。
7．大学教育に関する記述がある法律にはどのようなものがあるか。
8．学校図書館法に「当分の間」とあるが法令上どのような意味を持つか。
9．石川県金沢市の図書館規則を確認したい。
10．千葉県の迷惑防止条例の正式名称を確認したい。

11. 福岡県の平成21年8月14日の公報を確認したい。
12. 伊藤博文が帝国議会において発言している会議録はどう探せばよいか。

(判例に関する情報)
13. 事件番号「平成22（行ツ）54」が棄却された理由を確認したい。
14. 最高裁判所の最新の判例集を3つ見てみたい。
15. 民事事件と刑事事件と行政事件の違いについて確認したい。
16. 不当労働行為を巡って争われた事件で、平成27年11月に日本郵便に対して下された命令が知りたい。
17. 公害紛争に関し、平成6年度から24年度に終結した事例を確認したい。
18. 相続に関する判例にどのようなものがあるか読みたい。
19. 夫婦別姓訴訟に関し、最高裁大法廷で平成27年12月に言い渡された判決全文を読みたい。
20. 平成27年に出された行政事件の判決文を読みたい。

(政府・行政に関する情報)
21. 最新の国勢調査が見たい。
22. 青森県の平成26年の交通事故発生概況を確認したい。
23. 文科省による小学生向けの体力テストの実施方法を確認したい。
24. 社会保障に関する統計にはどのようなものがあるか。
25. 「青少年白書」の最新版が見たい。
26. 防衛省による告示を確認したい。
27. 内閣府が公表した「認知症に関する世論調査」の詳細が見たい。
28. 三重県の生涯学習に関する振興計画を確認したい。
29. 北海道斜里町の人口と世帯数が知りたい。
30. 最新の政府刊行物の刊行状況を確認したい。

◆演習問題8-2　本章で紹介した情報資源などを活用して、以下のレファレンス質問に回答しなさい。

1. 18歳選挙に関し、選挙年齢に関する審議にはどのようなものがあったか。

2. 5人家族の1か月あたりの支出はどれくらいか知りたい。
3. いわゆる「バカヤロー解散」のやりとりを議事録で確認したい。
4. 過去20年間の人口動態が知りたい。
5. 火山である桜島が大噴火した場合、どのような災害影響が予想されるか。そして避難手順と避難先も知りたい。
6. 学校図書館法において、司書教諭設置の特例となる学校の規模はどこに示されているか。根拠を確認したい。
7. 銀行のキャッシュカードが盗まれ、ATMで不正な払い出しがされた。参考となる判例はないか。
8. 車のナンバープレートを紛失した場合の申請方法を確認したい。
9. 景品の不当表示に関する判例を確認したい。
10. 刑法39条に関する判例を確認したい。
11. 厚生労働省の個人向けストレスチェックがあるらしい。利用したいのだが。
12. 交通事故の過失の基本割合が知りたい。
13. 子どもの権利条約の締結について、その審議の内容を確認したい。
14. 指定管理者制度を規定した法律の公布と施行日、その条文を確認したい。
15. 渋谷区のパートナーシップ証明書交付の根拠は何か確認したい。
16. 消費税率は法律においてどのように定められているのか知りたい。
17. 女性の平均寿命が80歳を超えたのはいつか。
18. 東京都が都民の鳥と指定している鳥は何か。その指定根拠も確認したい。
19. 砂川事件の判例評釈が読みたい。
20. 著作権の保護期間が38年になった時の条文を確認したい。
21. 電子マネーなどの前払式支払手段について定めた法律を探している。
22. 伝統的な工芸品を振起することを目的とした法律は何という法律か。
23. 図書館令の制定時の条文を確認したい。
24. 新潟県三条市の平成23年1月6日の議会運営委員会の開会時間を確認したい。
25. 非嫡出子の相続が嫡出子の半分である規定は合憲か違憲か知りたい。

26. 平成21〜25年の5年間に商標権における類似性に関しどのような裁判があったか。
27. 水俣病関西訴訟で最高裁判所第二小法廷による判決の内容を確認したい。
28. 会社法960条の特別背任罪は、かつて商法486条にあったという。いつ改正され、当時の条文がどのようなものだったか確認したい。
29. 平成18年の日本民間放送労働組合連合会を原告とした朝日放送関連の事件の概要が知りたい。
30. 名張毒ぶどう酒事件に関する裁判経過を確認したい。

第9章　知的財産系情報(特許、商標など)の探し方

1　知的財産系情報

　本章では、知的財産系情報として、知的財産権で扱われる諸権利のうち、主に産業財産権と呼ばれる特許権、実用新案権、意匠権、商標権に関連する情報の探索方法の'コツ'について学ぶ。

　近年、特にコンピュータ産業界など、インターネットを介したコンテンツビジネスを展開する企業においては、自社開発、独自開発をおこなった知的財産(IP：Intellectual Property)コンテンツを持つことが継続した企業経営へとつながるなど、ビジネスに直結する情報、権利となる。このため、新事業の立ち上げ、新製品の開発などの際に参照されることが多い。

　また、現在は個人活動として様々な形でクリエイティブな活動をおこなう人々が増えている。それらの成果物の発表の際に、新規性の有無など類似物との差違を明確にし、権利侵害とならないように気を配る必要があるため、個人活動においても参照されることが多くなってきている。

　知的財産系情報は、知的財産基本法のもと、それぞれ個別の法律によって権利保障がなされているため、各法律、権利の概要を説明した後、関連する情報を探索するためのツールを紹介する。

1.1　知的財産系情報の特徴

　知的財産とは、人間の知的創造活動における成果をさす。これらは所有権で規定されるような有形の財産ではなく、アイディア、デザインといった人間の知的活動によって生み出されたモノ(情報も含む)やその生産、開発方法の発

明に価値をおくような無形の財産となる。

現在、日本においてはこれらの権利は知的財産基本法などによって知的財産権として制度化され、保護されている。この知的財産権制度は、創作者の知的創造活動によって生みだされた成果の利用などに関して、創作者に一定期間独占権を与えることにより、創作者の財産としての保護を与えている。

知的財産系情報は知的財産基本法の第2条において、財産的価値を有する情報として以下のように規定されている。

知的財産基本法

第2条 この法律で「知的財産」とは、発明、考案、植物の新品種、意匠、著作物その他の人間の創造的活動により生み出されるもの（発見又は解明がされた自然の法則又は現象であって、産業上の利用可能性があるものを含む。）、商標、商号その他事業活動に用いられる商品又は役務を表示するもの及び営業秘密その他の事業活動に有用な技術上又は営業上の情報をいう。

2 この法律で「知的財産権」とは、特許権、実用新案権、育成者権、意匠権、著作権、商標権その他の知的財産に関して法令により定められた権利又は法律上保護される利益に係る権利をいう。

このため、
(1)発明、考案、植物の新品種、意匠、著作物など
(2)商標、商号その他事業活動に用いられる商品又は役務を表示するもの及び営業秘密その他の事業活動に有用な技術上又は営業上の情報など
に該当するものが保護対象となる。

1.2 知的財産権の種類

知的財産権は以下の2つに大別される（図9.1参照）。

第Ⅱ部　情報サービスの実践

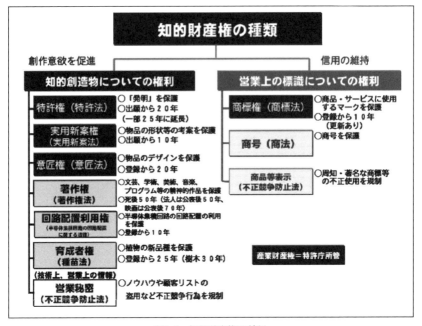

図9.1　知的財産権の種類
(出典) 特許庁「知的財産権制度入門（平成27年度版）」p.4．
https://www.jpo.go.jp/torikumi/ibento/text/pdf/h27_syosinsya/all.pdf （最終確認日2016年9月8日）

(1)知的創造物についての権利・・・創作意欲の促進を目的
(2)商業（営業上の）標識についての権利・・・使用者の信用維持を目的

2　産業財産権

　知的財産権のうち、特許権、実用新案権、意匠権、商標権の4つの権利（図9.2参照）を総称して産業財産権といい、それぞれ特許法、実用新案法、意匠法、商標法によって、模倣防止のための保護がなされている。これらは、特許庁に出願し、登録することで、創作者が新しい技術やデザイン、ネーミングなどについて一定期間独占的に使用できる絶対的独占権が与えられている。

第9章　知的財産系情報（特許、商標など）の探し方

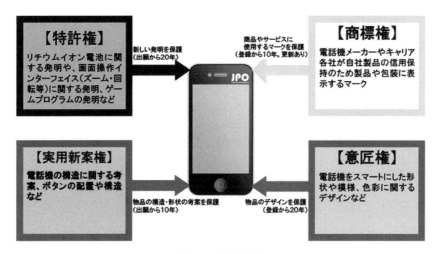

図9.2　産業財産権
（出典）特許庁 http://www.jpo.go.jp/seido/s_gaiyou/chizai01.htm（最終確認日2016年9月8日）

3　特許権

3.1　特許法と特許権

　特許法は第1条で、特許制度の目的を「発明の保護及び利用を図ることにより、発明を奨励し、もって産業の発達に寄与すること」と規定しており、発明者が発明や発案に関して、特許出願をし、産業全体の発展のために共有財産として情報、アイディアを秘匿せず公開することを条件とする代わりに、発明者に対して一定期間、自身の発明や発案に関する独占的権利を保障している。

　日本において、特許を受けるためには、特許出願を必要とする。単に発明をしたというだけでは、自動的に権利が発生せず、特許庁に特許として申請し、受理されることで初めて、特許として権利が認められることとなる。

　この特許法によって保護される特許は、先に特許庁に特許出願した者に権利を与える先願主義が採られており、既に第三者によって、同じ発明に関する特許出願がなされ、受理されている場合には、新規性を欠くこととなり、特許を

受けることができない。

また、特許権を含む、知的財産権に関する権利は、国内法として規定、保護されているため、特許権が認められる範囲は出願した国内のみ有効となる。

3.2 特許情報と特許公報

特許出願をし、特許権を得るためには、(1)特許願、(2)特許明細書、(3)特許請求の範囲、(4)要約書、(5)図面の5つの書類を必要とする。

特に(1)特許願には、出願する発明の国際的な分類として国際特許分類（IPC：International Patent Classification）が付与されており、技術面での識別が可能であり、また(2)特許明細書には具体的な発明の内容が記載されるため、出願された特許情報の詳細を確認することができる。

特許出願がなされた特許情報は特許出願日から1年6か月以上経過した時点で特許庁から出願公開として「公開特許公報」という形で自動的に公開される（図9.3参照）。その後、さらに審査が済み、特許として認められた情報は「特許掲載公報（特許公報)」として公開される。

4 実用新案権

4.1 実用新案法と実用新案権

実用新案法は第1条で実用新案制度の目的を「物品の形状、構造又は組み合わせに係わる考案及び利用を図ることにより、その考案を奨励し、もって産業の発達に寄与すること」と規定している。

実用新案（図9.4参照）は特許と同様に発明に関する情報、技術を保護するために設けられている制度、権利であるが技術的に高度な発明ではなく、既存の製品の改良など、考案（小発明）を保護するために用いられている。

実用新案として保護対象となるものは産業上利用できる「物質の形状、構造又は組み合わせに係わる考察」に限定されるため、物の製造法や物質そのものは対象とならないという特徴がある。

第9章　知的財産系情報（特許、商標など）の探し方

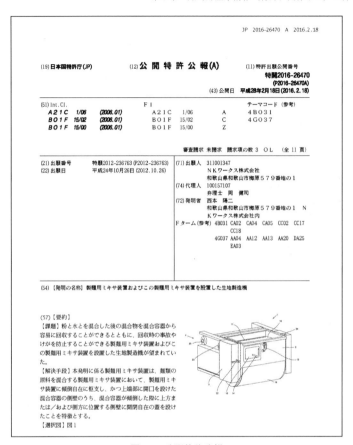

図9.3　公開特許公報

　特許の場合は特許出願をおこない、審査を経て、登録される必要があるが、実用新案は早期登録制度（無審査登録制度）を採っているため、実体審査がなく出願をすることで自動的に登録されるという違いがある。

　ただし、厳しい審査が課されている特許と違い実用新案は無審査であるため、実際に実用新案権を行使するためには特許庁の審査官による公的な評価を受けた「実用新案技術評価書」を別途、必要とする。

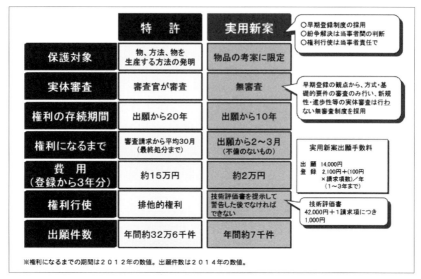

図9.4 特許と実用新案の違い
(出典) 特許庁「知的財産権制度入門 (平成27年度版)」p.47.
https://www.jpo.go.jp/torikumi/ibento/text/pdf/h27_syosinsya/all.pdf (最終確認日2016年9月8日)

5 意匠権

5.1 意匠法と意匠権

意匠法の第1条に「意匠の保護及び利用を図ることにより、意匠の創作を奨励し、もって産業の発達に寄与すること」とあるように、意匠権は、独創的な意匠=デザインに関する保護となる。

意匠として保護対象となるものは「物品(物品の部分を含む。)の形状、模様若しくは色彩又はこれらの統合であって、視覚を通じて美感を起こさせるもの」と定義されており、製品の性能や仕様ではなく、視覚情報としての美しさや独自性が保護対象となる。

意匠として登録するためには、意匠出願として「願書」、「図面」の2種類の書類を提出する。さらに意匠登録要件として以下の条件を満たしていることも

必要となる。
(1)工業上利用可能であること。
(2)新規性を備えていること。
(3)高い創作性を有すること。
(4)公序良俗に反するなどの不登録事由にあたらない。
(5)先願であること。

6 商標権

6.1 商標法と商標権

　商標法の第2条1項において、「商標」とは「人の知覚によって認識できるもののうち、文字、図形、記号、立体的形状若しくは色彩又はこれらの結合、音その他政令で定めるもの」と規定している。

　消費者の購買行動を考えた場合、類似する製品、商品を選択する際に企業名やブランドという商標情報をもとに決定がなされることが多い。このため、商標は商取引上の商品やサービス（役務）の識別するための標識として用いられている。

　商標はブランドや企業のロゴマークという形で表現されており、日常生活の中で目にする機会が多く、商売をおこなうにあたって、信用、信頼の担保となる情報として認知されている。このため「産業の発達へ寄与すること」を主目的とする他の産業財産権とは異なり、商標権は商標を使用する者の業務上の信用維持を図ることを主目的としている。

6.2 商標の種類

　商標権で保護される商標には、(1)文字商標、(2)図形商標、(3)記号商標、(4)立体商標、(5)統合商標、(6)動き商標、(7)ホログラム商標、(8)色彩のみからなる商標、(9)音商標、(10)位置商標に分けられる。

6.3 商標の機能

商標は、実際の商取引において、商品又はサービスを識別するために使用されており、「商標の三大機能」として役割を果たしている。

(1)出所表示機能

同一企業が同一の商標を付した商品やサービスを提供することで、他社との区別をおこなう。

(2)品質保証機能

同一の商標を付した商品、サービスに関して一定の品質を備えていること保証し、信頼を得られるようにする。

(3)広告機能

テレビや新聞などの広告として、使用することで消費者に商品やサービスを宣伝し、購買行為につなげる。

商標登録には、特許と同様に特許庁へ商標登録出願をおこない、実体審査を経た後に登録料を納めた段階で、商標権として10年間の権利保証が認められる。この際に提出する出願書類は願書のみとなる。

7 知的財産系情報に関する情報資源と調べ方

特許をはじめとする産業財産権に係わる権利は特許庁に出願申請を必要とするため、特許庁に登録されている情報を探すことになる。特許、実用新案などにはそれぞれ固有の番号、分類が付与されているため、それらを情報源として検索していくことになる。

第9章　知的財産系情報（特許、商標など）の探し方

7.1　知的財産系情報に関するネットワーク情報資源

(1)国内の知的財産系情報の調べ方

　後述する冊子体の『特許分類別総目録』、『公開特許出願人索引』、『日本特許出願人索引』などもあるが、現在は情報が随時更新される無料のデータベース「特許情報プラットフォーム（J-PlatPat）」が提供されている。このため、無料で利用可能な「特許情報プラットフォーム（J-PlatPat）」のほうが利便性は高い。

・特許庁「インターネット利用による公報発行サイト」

　〈https://www.publication.jpo.go.jp/ik_pub/index.action?lang = ja_JP〉

　：特許庁が発行してきた各種公報は、現在はインターネットで公開されており、これらの情報は特許庁のWebサイト「インターネット利用による公報発行サイト」にアクセスすることで、確認及び、各種データのダウンロードができる。

・特許情報提供サービス「特許情報プラットフォーム（J-Plat Pat）」（図9.5参照）

　〈https://www.j-platpat.inpit.go.jp/web/all/top/BTmTopPage#〉

　：産業財産権に関する情報を探索する場合には、特許庁からそれらに類する業務を引き継いだ独立行政法人工業所有権情報・研修館がインターネットサービスとして提供している特許情報提供サービス「特許情報プラットフォーム（J-PlatPat）」（2015（平成27）年3月20日まで特許庁によって特許電子図書館として提供されていたサービスが移行したもの）を利用することが最も早く、確実性が高い。

　この「特許情報プラットフォーム（J-PlatPat）」では、特許、実用新案、意匠、商標に関してフリーキーワードから簡易検索ができ、さらに番号照会、テキスト検索、分類表検索など各種詳細な検索が提供されている。

　また、「パテントマップガイダンス」のキーワード検索を利用することで、キーワードから国際特許分類IPCや日本の特許庁がIPCを独自に細分して付与しているFI（File Index）を知ることができる。

・画像意匠公報検索支援ツール（Graphic Image Park）

　〈https://www.graphic-image.inpit.go.jp/〉

　：独立行政法人工業所有権情報・研修館により、2015（平成27）年10月1日から無料

第Ⅱ部 情報サービスの実践

図9.5 「特許情報プラットフォーム(J-PlatPat)」トップページ
(出典)https://www.j-platpat.inpit.go.jp/web/all/top/BTmTopPage(最終確認日2016年9月8日)

で提供されている Web サービスである。意匠公報に掲載された操作画像、イメージなどに関して、画像データを用いて、マッチングをおこない、形状や色彩といった要素から効率的に照会できる。イメージマッチング技術を用いているため、これまで必要とされてきた意匠分類などの専門的知識がなくても、比較しようとする画像データを入力するだけで、簡単に画像意匠を照会することができる。

また、大学や研究機関等によっては、出願された特許等の情報を Web サイトで公開しているため機関名、研究者名が判明している場合には関連情報を確認することができる。

(2)海外の知的財産系情報の調べ方

日本の特許権が日本国内でのみ権利保護されるように、産業財産権に係わる情報の探索には各国の特許庁や関連機関へアクセスすることが必要となる。

・特許庁「諸外国の特許庁ホームページ」

〈http://www.jpo.go.jp/kanren/others.htm〉

：海外の知的財産系情報の探索には、特許庁が「諸外国の特許庁ホームページ」としてリンクをまとめているものを利用することで、世界知的所有権機関(WIPO)、ヨーロッパ特許庁(EPO)、欧州共同体商標意匠庁(OHIM)、諸外国の特許庁のWeb サイトへアクセスすることができる。

第 9 章　知的財産系情報（特許、商標など）の探し方

- 外国特許情報サービス FOPISER〈https://www.foreignsearch.jpo.go.jp/〉
  ：海外への特許出願数の増加を受けて、日本の特許庁により海外特許情報サービス（FOPISER：Foreign Patent Information Service）として、ロシア、台湾、オーストラリア、シンガポール、ベトナム、欧州共同体商標意匠庁（OHIM）が公開している産業財産権に関する各種情報について、日本語により参照・アクセスすることができる Web 照会サービスが提供されている。無料で提供されているサービスだが、サービス提供時間が特許庁開庁日の 9 時-20 時という制限がある。
- PATENTSCOPE〈https://patentscope2.wipo.int/search/en/search.jsf〉
  ：世界知的所有権機関（WIPO）が無料で提供している特許データベース検索サービス。国際特許となる PCT をはじめ世界各国、合計5,093万件の特許文献情報を検索することができる。自動翻訳により日本語による全文検索にも対応している。
- Espacenet〈http://worldwide.espacenet.com/〉
  ：ヨーロッパ特許庁（EPO）が提供している特許情報データベース。ヨーロッパ特許庁が管理しているヨーロッパ各国の特許だけでなく、アメリカ合衆国、日本など様々な国で出願されている特許情報を検索することができる。検索には日本の特許の場合は JP、ヨーロッパの場合は EP、アメリカ合衆国の場合は US を特許番号の冒頭に付与したものを用いる。
- アメリカ合衆国特許商標庁
  〈http://www.uspto.gov/patents-application-process/search-patents〉
  ：アメリカ合衆国特許商標庁が提供している特許・商標関連のデーベース。1790年以降に登録された特許と商標に関して、全文検索ができる PatFT（USPTO Patent Full-Text and Image Database）などが無料で提供されている。1975年以前の情報は、年月日、特許分類、特許番号でのみ検索可能である。1976年以降の情報は全文検索可能である。
- Google Patent Search
  ：現在、Google 検索では、アメリカ合衆国、ヨーロッパで出願された特許に関して全文検索が可能となるサービスが盛り込まれている。同様の検索が可能な Google Patents も有用である。
- FPO IP Research & Communities〈http://www.freepatentsonline.com/〉
  ：日本、アメリカ合衆国、ドイツ、EPO、WIPO の特許データベースの横断検索が

第Ⅱ部　情報サービスの実践

可能である。

7.2　知的財産系情報に関する冊子体情報資源

(1)日本国内の特許情報

- **特許分類別総目録**（技法堂）
  ：1885（明治18）年8月-1961（昭和36）年12月までの特許情報を分類別に調べることが可能である。
- **綜合索引年鑑．特許篇**（特許資料センター）
  ：おおよそ1953（昭和28）年-1971（昭和46）年の特許公告を特許分類や出願人から確認可能である。
- **公開特許出願人索引**
  ：おおよそ1973（昭和48）年-1995（平成7）年頃までの特許出願人から確認可能である。
- **日本特許出願人索引**
  ：1953（昭和23）年-1961（昭和36）年を中心に、昭和22年以前に公告され登録されたもののうち、特許番号174801以後のものが検索可能である。
- **特許公報・実用新案公報出願者名索引**
  ：1959（昭和34）年-1971（昭和46）年頃の特許出願者から検索可能である。

(2)特許用語や特許法令

　特許などに関する冊子体情報資源で有用なものは、特許情報を探し読み解く際に用いる専門用語や法令を確認するための情報資源である。法令に関する情報の探し方は、第8章も併せて参照してほしい。

- **特許公報の読み方**（山の手総合研究所）
  ：特許公報に使われている専門用語を確認することができる。
- **図解特許用語事典**（三和書籍）
  ：特許出願や特許公報などに使用される用語を図解する。
- **特許技術用語類語集**（日刊工業新聞社）
  ：特許公報及び特許明細書に使われる技術用語を、語尾を同一とする用語別に体系的

に分類し、検索できるようにする。
・**知的財産法判例六法**（有斐閣）
 ：特許法、実用新案法、意匠法、商標法などの34法令を収録するとともに、関連判例も確認可能である。
・**判例付き 知的財産権六法**（三省堂）
 ：特許法など知的財産関連法を収録するとともに、各種施行令・施行規則・登録令・手数料令や関連判例も確認可能である。
・**知的財産権法文集**［年刊］（PATECH企画）
 ：知的財産権に関する法令、条約などを収録する。

8 目的別情報資源の使い方

　ネットワーク情報資源は、過去から現在までの特許情報を網羅的に検索する際に有用である。冊子体情報資源は、時期が限定されているため、特定時期を検索する場合に活用可能な場合がある程度と考えたほうが良い。冊子体情報資源は、**特許公報の読み方**や**図解特許用語事典**など特許情報を読み解く際に理解しておくべき公報の様式や専門用語を確認するのに有用である。また、**知的財産法判例六法**や**判例付き　知的財産権六法**は、知的財産権県関係の法令を一覧するのに有用である。

◆演習問題9-1　本章で紹介した情報資源などを活用して、以下のレファレンス質問に回答しなさい。
 1．電動アシスト自転車の特許はいつ出願されたのか知りたい。
 2．街頭の郵便ポストに関する最新の特許を知りたい。
 3．LED技術を応用した、液晶画面に関する特許を調べたい。
 4．ICタグを用いた図書館の盗難防止システムの特許について知りたい。
 5．近畿大学が取得している養殖マグロに関連する特許について、どのようなものがあるか知りたい。

6．日本において食品ミキサーに関する特許で最も古いものが知りたい。
7．ノーベル化学章受賞者の田中耕一が発明者となっている特許は何件あるか。
8．産業技術総合研究所が特許出願した「誘雷装置」とはどのようなものか。
9．芝刈り機の国際特許分類（IPC）が知りたい。
10．国際特許分類「IPC：D21F」とはどのような主題を表しているか知りたい。
11．レーザープリンタに関する実用新案が知りたい。
12．ボールペンのインクに関する、最新の実用新案はどのようなものであるか。
13．「石見神楽人形」に関する実用新案がどのようなものであるか知りたい。
14．昭和シェル石油が実用新案権を持つ、ソーラーパネル発電の技術が使われている実用新案の発案者を知りたい。
15．腕時計のバンドに関する実用新案のうち、皮バンドに関するものを知りたい。
16．意匠登録されているスマートフォン用の防水ケースのデザインを知りたい。
17．照明用具に気球ににた形のデザインがあるが、その意匠権者が知りたい。
18．イルカの姿をモチーフにした玩具はどのようなものがあるか。
19．コンピュータ用のマウスに関する意匠登録件数を知りたい。
20．キングジムが保有しているブックカバーのデザインを知りたい。
21．「サカイ」で商標登録されているもので、引っ越し業者を表している商標を確認したい。
22．「キンタロウ」で商標登録されたもので、まさかりを持っている金太郎が描かれている商標はいくつあるか知りたい。
23．旭化成が登録した商標で最も古いものはどんな商標か見たい。
24．日本で本をモチーフにした商標を登録している企業は何社あるか知りたい。

25. 大正11年に白滝酒造が登録した日本酒に関する商標を知りたい。
26. 2010年以降に出されたオーストラリアで出願された電子書籍リーダーに関する特許情報を知りたい。
27. 2014年から2015年に出された消防（IPC：A62C）に関する特許の件数を知りたい。
28. 2012年にカナダでIPC：C08Gが付与されて特許出願されたものを知りたい。
29. アメリカ合衆国で特許出願された、US2015026163の概要を知りたい。
30. ライト兄弟が特許出願した飛行機はどのような形をしていたのか見たい。

◆演習問題9-2　本章で紹介した情報資源などを活用して、以下のレファレンス質問に回答しなさい。
1．本田技術研究所が開発したエンジンに関する最初の特許は何か知りたい。エンジン機構の詳細な内容は確認できるだろうか。
2．食品容器に使われることの多い、ポリ乳酸容器に関する特許のうち、バイオプラスチックに関する特許が知りたい。
3．京都大学再生医科学研究所が持つ、幹細胞研究関連の特許はどのようなものがあるか。また、ノーベル生理学・医学賞受賞の山中伸弥と関連の深いものはあるか。
4．船舶のためにジャイロスコープ技術を開発したアメリカ人技術者がいるそうだが、出願した発明の名称は何か知りたい。
5．昭和63年に公開特許公報として、3次元立体モデルの製造法という特許が出願され公開されているらしいが、どのようなもの知りたい。
6．特許番号2628404が対象となった裁判があるが、この特許は何についての特許で、誰が誰を訴えたものであるのかを知りたい。
7．最初に日本で開発された2輪オートバイについて概要を知りたい。また、それに本田宗一郎は関与していたのかも知りたい。
8．任天堂が1980年に出願した「ゲーム＆ウオッチ」に関する特許について

知りたい。
9. タイプライターに先行する筆記具としてカイログラファーという発明の特許があるらしいが、この特許番号と発明者を知りたい。
10. OLYMPUS が保持しているカメラ用非球面レンズの特許はどれくらいあるのか、また富士フイルムとどちらが多いのか知りたい。
11. 慶應義塾大学が「擬人化された物体からの直接的情報提示機器」として特許出願した発明を知りたい。確か IPC：G06T13/00 が付与されていたはず。
12. 以前、「松たけの香味を付与する飲食品の製法」に関して、特許が出願されていたと聞いたのだが、内容を確認できないか。またその引用特許でもっとも古い特許を知りたい。
13. 国内でも特許出願件数が多い企業とされる日本電気が2000年、2010年にアメリカに特許出願した半導体に関する特許はいくつあるか。
14. 現在の電卓の基になっている機器式卓上計算機を開発した日本人がいるそうだが、どのような特許か確認できないだろうか。
15. 宇宙食に関する特許で「宇宙のパン」に使用されている特許を知りたい。
16. SONY が開発した Walkman に関して特許紛争があったが、どのような特許が使用されていたのか。
17. 現在のコピー機の基となっている技術はどのようなもので、いつ頃、誰によって特許が出願されているか。
18. 教育関係の商標で「梟」の図案が用いられるが、この理由を知りたい。また実際に商標登録されている図案で、学帽をかぶっているものはあるか。
19. Victor が犬の絵を商標として使用しているがどのような由来があるのか。
20. 15世紀に錨をモチーフにした商標を使用している印刷業者があったそうだがどのような図柄か。
21. キリンビールの商標の麒麟はいつ商標登録され、使用されているのか。
22. テレビ CM などで使用されている曲で最初に商標登録されたものが知

りたい。
23. 衣服のポケットに関する実用新案で、昭和58年に大阪府吹田市の企業が（昭58-136257）として出願していたものがあるそうだがどのようなものか知りたい。
24. 直近5年の折りたたみ傘に関する特許のうち、日本、ドイツで出願されたものを見比べたい。
25. Palo Alto Research Center が1970年に特許出願したパーソナルコンピュータに関連する特許とはどのようなものか知りたい。
26. "Improvement in Magneto-Electric Machines" としてアメリカで特許出願されているものは、どのようなものか概略が知りたい。また、この技術は現在どんな分野で応用されているのだろうか。
27. Steven Paul Jobs が Apple の CEO だった時代に、開発者として登録されている特許はどのようなものがあるか知りたい。
28. James Francis Cameron は映画撮影の際に、様々な新技術を開発しているが、本人が権利を保有している映画関係の特許はあるのか。
29. US 12/650,582 "Optical capacitive thumb control with pressure sensor" で引用されている特許のうち、日本の特許はどのようなものが使われているか。
30. 1985年に日本の十大発明家が特許庁によって選出されているが、各人が発明した特許情報を知りたい。

第10章	人物、企業、団体情報の探し方

1 人物、企業、団体情報の特徴

　本章では、人物、企業、団体情報に関する探し方について探す'コツ'を学ぶ。人物、企業、団体情報を探すときは、以下の求める情報が、どちらの情報に該当するのかを確認する。

---
(1)人物、企業、団体に関する名称、概要、連絡先のような情報
(2)特定事項に該当する人物、企業、団体の情報

　より、具体的に表10.1のレファレンス質問に即してみると、(1)は①〜④と⑥、⑦、(2)が⑤に対応する。

表10.1　人物、企業、団体に関するレファレンス質問

人物	団体、企業
①人物の読みや表記について調べたい。 ②人物の履歴（生没年）を調べたい。 ③人物の著作、業績、発言を調べたい。 ④人物について書かれた文献（伝記）を調べたい。 ⑤受賞者のような特定事項に該当する人物について調べたい。 ⑥人物の肖像について調べたい。 ⑦架空の人物について調べたい。	①企業、団体の読みや表記について調べたい。 ②企業、団体の概要を調べたい。 ③企業、団体に関わる人物を調べたい。 ④企業、団体について書かれた文献（社史）を調べたい。 ⑤特定事項に該当する企業、団体について調べたい。

　(1)の**人物、企業、団体に関する情報**を調べるためには、手がかりとしての人

物名、企業名、団体名のような名称の確認からはじめる。名称確認の際は、名称の一部しかわからない場合、別号や筆名、略称の場合、読みや表記のゆれがある場合に留意し、探索に使う適切な読み、表記を決める。そのうえで、調べたい観点にあった適切な人物、企業、団体に関する情報資源を選択することになる。

(2)の**特定事項に該当する人物、企業、団体の情報**を調べるためには、賞やランキングなどの特定事項（第7章参照）を確認する。そのうえで、特定事項を説明する情報資源や賞やランキング決定を担う組織・個人に関わる情報資源を手掛かりに探すことになる。

人物、企業、団体に関する情報資源は多様であり、古いものでも一定程度活用可能である。以下、情報要求に対応する際、使用する主なツールを紹介する。

② 人物、企業、団体情報に関するネットワーク情報資源

2.1 人物、企業、団体の読みや表記を調べるための情報資源

・人名録 最近の新聞に載った有名人57,000人〈http://www.ctk.ne.jp/~kai-6344/〉
：日本人、外国人の読みを、音や画数等から確認可能である。
・Web NDL Authorities 〈https://id.ndl.go.jp/auth/ndla〉
：人物名、企業名、団体名の読み、参照でペンネーム（別名）等を確認可能である。国立国会図書館が提供する典拠データベースである。
＊**企業・団体の読み方や正式な表記**（日本企業の英語表記等）については、**公式Webサイト**で確認することができる場合も多い。

2.2 人物に関する情報掲載箇所を確認するための情報資源

・日本人物情報大系（100巻）被伝者索引
〈http://www.libro-koseisha.co.jp/f_j_all.htm/〉
：皓星社の刊行した同書（冊子体）の人物情報掲載箇所を一部確認可能である。

2.3 人物の履歴や企業、団体の概要・人物を調べるための情報資源

- コトバンク 〈http://kotobank.jp/〉
  : 朝日新聞社などが提供し、日本人、外国人、美術家等の人名や日本企業の情報等を一度に検索可能である。第7章参照。
- ジャパンナレッジ Lib 〈http://japanknowledge.com/library/〉［有料］
  : JK Who's Who、日本架空伝承人名事典、日本人名大辞典及び会社四季報（東洋経済新報社）などのデータを確認可能である。ネットアドバンスが提供する。第7章参照。
- 日経テレコン 〈http://telecom.nikkei.co.jp/〉［有料］
  :「企業検索」で1,000,000社以上の社名や概要、「人事検索」で約210,000人の情報を確認可能である。日本経済新聞社が提供する。
- G-Search 〈http://db.g-search.or.jp/〉［有料］
  : 朝日新聞人物データベースや日外アソシエーツ現代人物情報のような人物情報、帝国データバンク、東京商工リサーチなどの提供する企業情報を横断検索可能である。ジー・サーチが提供する。

(1) 人物情報が検索可能

- whoplus 〈http://www.nichigai.co.jp/database/who-plus.html〉［有料］
  : 歴史上の人物ともに、現在活躍する日本人・外国人約610,000人の情報を確認可能である。日外アソシエーツが提供する。
- 聞蔵Ⅱビジュアル 〈http://database.asahi.com/library2/〉［有料］
  : 朝日新聞社が提供する新聞記事データベースのオプションコンテンツに35,000件の情報を収録する人物データベースがある。第6章参照。
- ヨミダス歴史館 〈https://database.www.yomiuri.co.jp/rekishikan/〉［有料］
  : 読売新聞社の提供する新聞記事検索とリンクした26,000人の情報を収録する人物データベースである。第6章参照。
- Weblio 〈http://www.weblio.jp/〉（ウェブリオ）
  : ウェブリオが提供する。人物情報や企業情報を確認可能である。第7章参照。
- Biographical Dictionary 〈http://www.s9.com/〉

：フリー編集の世界の人物を検索できる英文サイトで、生没年、略歴等を確認可能である。

- researchmap〈https://researchmap.jp/researchers〉
：日本の研究者の所属や活動を確認可能である。科学技術振興機構が提供する。
- デジタルアーカイブ〈http://www.digital.archives.go.jp/〉
：森林太郎（森鴎外）のような官職で活躍した人物の情報が一部確認可能である。国立公文書館が提供する。

＊上記のほか、**国立国会図書館デジタルコレクション**で、**青森県人名艦**や**岡山県人名辞書**のような明治期から昭和期の人名録や人名辞書等を確認可能である。

(2)企業情報が検索可能

- TDB 企業サーチ〈http://www.tdb.co.jp/service/u/1000.jsp〉
：企業情報検索サイトで企業名、住所と業種は無料で検索可能である。詳細情報は有料である。帝国データバンクが提供する。
- 東洋経済データサービス〈https://biz.toyokeizai.net/data/service/〉［有料］
：企業情報、CSR、商業施設のほか、地方自治体、大学などのデータを確認可能である。東洋経済新報社が提供する。
- EDINET［有価証券報告書］〈http://disclosure.edinet-fsa.go.jp/〉
：株式上場企業から提供を受けた企業概況やデータを確認可能である。金融庁が提供する。
- Yahoo！ファイナンス：企業情報〈http://profile.yahoo.co.jp/〉
：後述する**会社四季報**（東洋経済新報社）から提供を受けた企業データを確認可能である。Yahoo！Japan が提供する。
- 銀行変遷史データベース〈http://www.zenginkyo.or.jp/library/hensen/〉
：日本の各銀行の沿革データ（設立、合併、営業譲渡、解散、商号変更など）を確認可能である。全国銀行協会が提供する。
- KOMPASS〈http://jp.kompass.com/〉
：国際的企業間取引情報提供会社のコンパス社が提供する世界の企業情報について、地域（国）を指定して検索可能である。ただし、ローマ字（英語）入力必要で、表

示もローマ字である。

＊上記のほか、国立国会図書館デジタルコレクションで、**大分乃実業**や**京阪商工営業案内**のような明治期から昭和期の営業案内や商工名鑑、商店案内等を確認可能である。

(3)団体情報が検索可能
- **公益法人等の検索**〈https://www.koeki-info.go.jp/outline/index.html〉
  ：全国の公益法人の名称、事業概要、所在地、代表者氏名、行政庁等の情報を確認可能である。内閣府が提供する。
- **商工会議所（都道府県連）名簿**〈http://www5.cin.or.jp/ccilist〉
  ：全国の商工会議所の名称、住所、電話、Webサイト等の情報を確認可能である。
- **日本のシンクタンク**〈http://www.nira.or.jp/network/japan/index.html〉
  ：機関概要から日本全国約280のシンクタンクの名称、所在地等の情報を収録、また日本のシンクタンクリンク集では音順に並ぶシンクタンクのWebサイトを確認可能である。NIRAが提供する。
- **国際協力NGOダイレクトリー**〈http://directory.janic.org/directory/〉
  ：国内外で活動する約300の日本のNGOの概要を活動地域、事業内容等から確認可能である。
- **学会名鑑**〈https://gakkai.jst.go.jp/gakkai/〉
  ：分野別もしくは、音順から、略称、所在地、目的、会員、刊行物等の情報を確認可能である。

2.4　人物についての文献（伝記）、企業、団体についての文献（社史）を調べるための情報資源

(1)人物の情報

伝記の網羅的検索は難しいため、所蔵数の多い国立国会図書館等のOPACで、人物名をタイトルや件名に入力し検索する。同館の雑誌記事索引も有用である。

(2)企業情報が検索可能

社史の網羅的検索は難しいため、所蔵数の多い図書館等のOPACで検索する。

・社史・技報・講演論文集
〈http://www.klnet.pref.kanagawa.jp/kawasaki/search/cole.htm〉
：神奈川県立川崎図書館の所蔵する社史約17,000冊の情報を検索可能である。

2.5 人物の著作、業績、発言、企業団体の発表を調べるための情報資源
(1)人物の業績や発言が検索可能

最近の人物の発言であれば、検索エンジンのほか、前述の**聞蔵Ⅱビジュアル**や**ヨミダス文書館**等の記事検索で確認可能である。なお、特定人物による著作は第5章を参照する。

(2)企業情報が検索可能
・PR TIMES 〈http://prtimes.jp/〉
：主要な企業のプレスリリース（ニュースリリース）を確認可能である。
＊上記のほか、企業や団体の公式Webサイトに掲載されたものを確認可能である。

2.6 人物の肖像を調べるための情報資源
・近代日本人の肖像 〈http://www.ndl.go.jp/portrait/〉
：分野別もしくは、音別から、約600人の肖像と、略歴、著作等の情報が確認可能である。国立国会図書館が提供する。
・歴史人物画像データベース 〈http://base1.nijl.ac.jp/~rekijin/〉
：古典籍に描かれた約3,100人の肖像が音順で確認可能である。国文学研究資料館が提供する。

＊上記のほか、現在活躍する人物は**公式Webサイト**で肖像を確認できることが多い。近代に活躍した人物の肖像は**国立国会図書館デジタルコレクション**や、**大日本名家肖像集**や**静岡県人肖像録**のような明治期から昭和期の肖像集から確認可能である（ただし、不鮮明なものもある）。

2.7　架空の人物（キャラクター等）について調べるための情報資源

架空人物の検索は公式Webサイトがなければ、検索エンジンやウィキペディア等で検索する。

2.8　特定事項に該当する人物、企業、団体の情報資源

すべての賞や事件等に該当する人物の網羅的検索は難しい。賞であれば、主催者の公式Webサイトで紹介されることが多い。著名な賞であればウィキペディア等でも確認可能である。

- 各賞紹介〈http://www.bunshun.co.jp/award/index.htm〉
  : 日本文学振興会による芥川賞、直木賞、菊池賞、大宅賞、松本賞受賞者一覧を確認可能である。文藝春秋が提供する。

③　人物、団体、企業情報に関する冊子体情報資源

3.1　人物、企業、団体の読みや表記を調べるための情報資源

(1) 人物情報

- 号・別名辞典（日外アソシエーツ）
  : 日本人の用いた号・通称・諱等から代表的な姓名や略歴を調べられる。古代・中世・近世と近代・現代に分冊されている。なお、外国人は、**外国人別名辞典**で調べられる。
- 名前から引く人名辞典（日外アソシエーツ）
  : 日本人の名から姓名・略歴などを調べられる。
- 苗字8万よみかた辞典（日外アソシエーツ）
- 名前10万よみかた辞典（日外アソシエーツ）
  : 日本人の苗字や名の多様な読み方を調べられる。
- アルファベットから引く外国人名よみ方字典（日外アソシエーツ）
- カタカナから引く外国人名綴り方字典（日外アソシエーツ）
  : 外国人名について、アルファベットからカナ読み、カナから原綴りを調べられる。
- 難読・稀少名字大事典（東京堂出版）

第10章　人物、企業、団体情報の探し方

　　：約14,000の名字を音順排列で収録し、総画索引等からも確認可能である。
・西洋人名よみかた辞典（日外アソシエーツ）
　　：西洋人の読みを調べるため、原綴り、読みの双方から確認可能である。
・日本著者名・人名典拠録（日外アソシエーツ）
・東洋人名・著者名典拠録（日外アソシエーツ）
・西洋人名・著者名典拠録（日外アソシエーツ）
　　：日本人・東洋人・西洋人の人名の読み、略歴等の情報を収録し、同名異人の確認が
　　　可能である。

(2)企業情報
・企業名変遷要覧典（日外アソシエーツ）
　　：日本の有力企業について現社名だけではなく、旧会社名等の情報を収録する。

3.2　人物に関する情報掲載箇所を確認するための情報資源
(1)人物情報掲載情報資源を確認する
・人物レファレンス事典（日外アソシエーツ）
　　古代・中世・近世編、明治・大正・昭和（戦前）編、昭和（戦後）・平成編
　　：日本で活躍した人物の各事典の掲載箇所に関する情報を収録する。
・近現代日本人物史料情報辞典（吉川弘文館）
　　：明治から現代まで日本で活躍した約1,300人の史料情報を収録する。
・外国人物レファレンス事典（日外アソシエーツ）
　　古代-19世紀、20世紀、架空・伝承編
　　：国内の主要な人名事典、歴史事典等に収録された外国人の掲載箇所の情報を収録す
　　　る。
＊上記のほか、**音楽篇**のような各分野で活躍した人物の掲載箇所を収録したものもある。
・Biography and Genealogy Master Index（Gale）
　　：人名を見出し語に、その人物情報の典拠となる人物事典の情報を収録する。

(2) 人物肖像掲載情報資源を確認する
- 歴史人物肖像索引（日外アソシエーツ）
  ：人物肖像がどの文献に掲載されているのかという情報を人名の50音順に収録する。
- 写真レファレンス事典．人物・肖像編（日外アソシエーツ）
  ：約7,000人余りの人物写真がどの写真集等に掲載されているのかという情報を収録する。

3.3 人物の履歴や企業、団体の概要・人物を調べるための情報資源

(1) 人物情報

人物事典等は多数刊行されているため、主要なものを挙げる。

- 現代日本人名録（日外アソシエーツ）1987、1990、1994、1998、2002
  ：政治、経済、行政、教育、文化、芸術、スポーツ等の分野で活躍する人物（在日外国人含む）約120,000人のプロフィールや連絡先、Webサイトの情報を収録する。
- 日本人物情報大系（皓星社）
  ：戦前（1945年以前）に刊行された人物を調べるための図書を100巻に分けて復刻したものである。
- 講談社日本人名辞典（講談社）
  ：神話の時代から現代までの約65,000人（架空人物含む）の情報を収録する。
- 日本近現代人物履歴事典（東京大学出版会）
  ：明治から現代までの皇族、政治、行政、法律、外地の著名者の履歴を年譜形式で収録する。
- 職員録［年刊］（国立印刷局）
  ：現在の国・地方のおおよそ係長以上の役職者約560,000人の情報を収録する。
 ＊都道府県の職員については、都道府県ごとの職員録がWebサイトで公開されたり、刊行されたりすることが多い。
- 役員四季報［年刊］（東洋経済新報社）
  ：国内の上場企業の役員の役職、氏名、入社、役員就任、生年月日、学歴等の情報を収録する。
- 現代外国人名録（日外アソシエーツ）1992、1996、2000、2004、2008、2012、2016、2020

：政治、経済、行政、教育、文化、芸術、スポーツ等の分野で国際的に活躍する人物約10,000人のプロフィール等を収録する。
- 世界伝記大事典（ほるぷ出版）
　：人物の略歴について解説を五十音順に収録し、日本・朝鮮・中国編と世界編からなる。
- 岩波世界人名大辞典（岩波書店）
　：世界の諸分野で活躍する人物の情報を収録する。
- Who's who in the world（Marquis）
　：世界で活躍する存命者の情報を収録する。このほか、英国の Who's who. London や米国の Who's who in America（Marquis）などの地域や分野を限定した「Who's who」もある。
- 明治過去帳：物故人名辞典（東京美術）
- 大正過去帳：物故人名辞典（東京美術）
　：明治期、大正期に没した人物情報を収録。同書は**日本人名情報総覧**（日本図書センター）の第3巻にも復刻所収されている。
- 昭和物故人名録：昭和元年～54年（日外アソシエーツ）
　：昭和元年-54年までの物故者の人名、没年月日、略歴等の情報を収録する。
- 現代物故者事典（日外アソシエーツ）1980-
　：物故者の没年月日、享年、死因、経歴、受賞等の情報が収録され、没年を踏まえて冊子を使い分ける。なお、1983-1987のみ「ジャパン WHO was WHO」の書名が付されている。
- Who was who［英国］（Black）
- Who was who in America［米国］（Marquis）
　：Who's who 掲載人物から物故者の情報を収録し、おおよそ、10年間隔で刊行される。

(2)企業情報
- 帝国データバンク会社年鑑：東日本編・西日本編［年刊］（帝国データバンク）
　：国内の金融機関及び企業・団体約140,000社（一定規模の未上場企業も含む）の上場先、

所在地、事業内容、設立年、資本金、役員情報、従業員数、決算等の情報を収録する。

＊全国・業種別索引（帝国データバンク）を使えば探したい企業の収録箇所を確認可能である。

・東商信用録［年刊］（東京商工リサーチ）

北海道版、東北版、関東版、中部版、近畿・北陸版、中国版、四国版、九州版

：国内の上場・未上場（年間売上高1億円以上）企業・団体約270,000社の所在地、設立年月、営業種目、資本金、従業員数、代表者名、役員名、業績等の情報を収録する。

・会社四季報［季刊］（東洋経済新報社）

：国内の上場会社の事業内容、業績、財務、資本異動・株価・格付等の情報を収録する。

・会社四季報：未上場会社版［半年刊］（東洋経済新報社）

：国内の有力企業の設立、決算期、資本、従業員、上場予定、財務、業績等の情報を収録する。

・海外進出企業総覧［国別編］［年刊］（東洋経済新報社）

・海外進出企業総覧［会社別編］［年刊］（東洋経済新報社）

：海外進出する日本企業（本社）の情報と現地法人、支店、事務所等の情報とを収録する。

・外資系企業総覧［年刊］（東洋経済新報社）

：主な在日外資系企業の設立、資本、外資比率、概況、親企業、財務等の情報を収録する。

・米国会社四季報［年刊］（東洋経済新報社）

：米国の有力企業の設立、上場、決算期、概況、業績、株価、資本、財務等の情報を収録する。

⑶団体情報

・全国各種団体名鑑［隔年刊］（原書房）

：国内の公益法人、任意団体など約60,000団体の連絡先、設立、目的、刊行物、予算、会員、支部、関連団体等の情報を収録する。

・全国学校総覧（原書房）
：国公私立の小中高大・各種・専修学校の住所、電話、校長、生徒数等の情報を収録する。

3.4　人物についての文献（伝記）、企業、団体についての文献（社史）を調べるための情報資源

(1)伝記情報が検索可能
・伝記・評伝全情報：日本・東洋編、西洋編（日外アソシエーツ）
：1945年以降に刊行された伝記、自伝、回想録、追想録等を被伝者ごとに収録する。
・人物研究・伝記評伝図書目録（図書館流通センター）
・続　人物研究・伝記評伝図書目録（図書館流通センター）
：明治-2000年6月までに刊行された伝記・評伝の情報を収録する。

(2)社史・団体史情報が検索可能
・日本会社史総覧（東洋経済新報社）
：日本の企業約3,000社の個別社史の情報を業種別に収録する。社名等から引ける索引がある。
・会社史・経済団体史総合目録．追録（専門図書館協議会関東地区協議会）1993-2011
・会社史・経済団体史新刊案内（専門図書館協議会関東地区協議会）2012
：1997.1-2008.6までをまとめた会社史・経済団体史総合目録追録累積版もある。

3.5　人物の著作、業績、発言、企業・団体の発表を調べるための情報資源

(1)人物の発言
　歴史上の著名な人物の著作は、第5章の図書や第6章の雑誌記事の探し方を使い、発言については、第7章で紹介された各種の名言辞典等で調べることになる。

(2)企業・団体の発表
　企業・団体の発表に関するまとまった冊子体は、存在しない。企業・団体の発表は、業界紙（誌）や各企業の発行する会社案内、CSR報告書等で個別に探す。

第Ⅱ部　情報サービスの実践

3.6　人物の肖像を調べるための情報資源

・**日本肖像大事典**（日本図書センター）
　：日本の古代から現代まで約2,700人の肖像と人物略歴を50音順に収録する。
・**日本女性肖像大事典**（日本図書センター）
　：日本の古代から現代まで約800人の肖像と人物略歴を50音順に収録する。
＊日本関係の人物の肖像については、上記のほか、**国史大辞典**（吉川弘文館）や**日本歴史大事典**（小学館）などにも、多くの肖像が掲載されている。
・**中国歴史人物大図典**（遊子館）
　：神話・伝説の人物も含め、中国の古代から現代まで約1,800人の肖像と略歴を収録する。

3.7　架空の人物（キャラクター等）について調べるための情報資源

・**日本架空伝承人名事典**（平凡社）
　：神話の神名から近世までの架空人名を50音順に収録する。
・**架空人名辞典**（教育社）
　：**欧米編**は、403作品約1,600人、**日本編**330作品約1,800人を50音順に収録する。作家別索引付である。同書は**架空人名辞典**（日本図書センター）として復刻版もある。
・**じてん・英米のキャラクター**（研究社）
　：英米の作品に登場する約1,800キャラクター・人物を収録する。

3.8　特定事項に該当する人物、企業、団体の情報資源

(1)人物情報
・**名数人名事典**（日外アソシエーツ）
　：三聖、十哲のような特定の数で括られる人物の情報を数順に収録する。
・**来日西洋人名事典**（日外アソシエーツ）
　：来日し活躍した外国人約1,300人の原綴、生没年、略歴等の情報を収録する。
・**ノーベル賞受賞者業績事典**（日外アソシエーツ）
・**最新文学賞事典**（日外アソシエーツ）
・**映画の賞事典**（日外アソシエーツ）
・**演劇・舞踊の賞事典**（日外アソシエーツ）

- 音楽・芸能賞事典（日外アソシエーツ）
- 最新美術・デザイン賞事典（日外アソシエーツ）
- 最新科学賞事典（日外アソシエーツ）
- 女性の賞事典（日外アソシエーツ）
- 世界の賞事典（日外アソシエーツ）

　：各分野の賞の受賞者の情報を収録する。

(2)企業情報

- **全国企業あれこれランキング**（帝国データバンク）

　：売上高などさまざまなランキング情報を全国、都道府県別、業種別に収録する。

＊上記のほか、本章3.3掲載の情報資源に売上高のような各種ランキングが掲載されている。

＊このほか、諸分野の**専門年鑑**には、団体の情報が収録されていることが多い。

4　目的別情報資源の使い方

4.1　人物について調べたい

(1)ネットワーク情報資源で探す

　ネットワーク情報資源では、人物情報と企業情報、人物情報と新聞記事のように、**複数の情報資源を横断的に検索する**ことができるものがある。無料で検索可能な人物情報は限られているため、冊子体と併用も視野に入れる必要がある。他方、**国立国会図書館デジタルコレクション**には、明治から昭和期の冊子体人物事典を電子化したものが収録されている、検索性は低いが**通常の人物事典では採録されていない人物**を調べることができる。

(2)冊子体情報資源で探す

　冊子体は、収録された情報の範囲が限定されることから、「昭和の物故者」、「架空の人物」、「受賞者」などの**特定の観点から人物を調べる**場合に有用であ

る。また、**人物レファレンス事典**のような情報収録箇所を確認できるツールがあれば、参照すべき冊子を特定できる。しかし、所蔵がなければ、冊子体の収録された情報範囲を確認しながら、ツールを選択しなければならない。

4.2　企業・団体について調べたい

(1)ネットワーク情報資源で探す

　業績や株価のような**最新の企業情報を求める場合**には、ネットワーク情報資源が有用である。一方で、有料のものも多く、検索可能な情報資源に限界があることも留意しなければならない。また、国立国会図書館デジタルコレクションには、明治から昭和期の企業・団体情報を収録した冊子体が収録されている。同時期の地方の小規模商店や現在消滅した企業の情報を調べる際に有用である。

(2)冊子体情報資源で探す

　企業や団体情報を収録する冊子体は**通覧**できる反面、大部になりがちである。年刊のものが多いため、**情報の更新性に限界**がある。特定の分野・観点から企業を調べる場合には、情報がまとまっている専門年鑑が有用である。

◆演習問題10-1　本章で紹介した情報資源などを活用して、以下のレファレンス質問に回答しなさい。

1．巌谷小波の読みと略歴について知りたい。
2．豊臣秀次について、調べるにはどの事典を見ればよいか知りたい。
3．大山巌の史料はどこで見られるのか知りたい。
4．古代ギリシアの哲学者ソークラテースについて調べるにはどの事典を見ればよいか知りたい。
5．松平容保の肖像はどの文献で見ることができるのか知りたい。
6．ノーベル賞を受賞した梶田隆章の略歴や業績を知りたい。
7．蒼虬の読み方を知りたい。また、姓と略歴も知りたい。
8．明治6年生まれの関一の読み方とどこの市長であったのかを知りたい。

9. 現在の文部科学省社会教育課長の名前を知りたい。
10. コルベル・セシルの出身国や略歴が知りたい。
11. キャリー・マライヤの出身国や略歴が知りたい。
12. ケニアのトゥクという人の生没年や略歴が知りたい。また、肖像もあるか。
13. ンジャイという画家の生没年や略歴が知りたい。
14. 宮本外骨は、昭和何年に亡くなったのかを知りたい。
15. 2014年に亡くなった横山あきおの死因を知りたい。
16. 外交官だった珍田捨己の肖像を見たい。
17. 日本神話に出てくるサルタヒコについて知りたい。
18. ギリシア神話に出てくるシーシュポスについて知りたい。
19. 江戸時代の五井には、誰が含まれているのか知りたい。
20. 莫言がノーベル賞を受賞した年とその人物の著作を知りたい。
21. 山岡発動機工作所の現在の社名を知りたい。
22. ペコちゃんで知られる不二家の設立年や概要を知りたい。
23. 西部瓦斯の設立年や概要を知りたい。
24. 東京にある山本海苔店の資本金や概要を知りたい。
25. 日本オラクルの概要と米国親会社の概要を知りたい。
26. 日本のウォーキングに関する団体について知りたい。
27. 日本にある剣道の全国団体について知りたい。
28. 鳥取県に所在する大学や短期大学の名称を知りたい。
29. 豊田自動織機の社史が存在するのか知りたい。
30. 京都新聞の社史にはどのようなものがあるのか知りたい。

◆演習問題10-2 本章で紹介した情報資源などを活用して、以下のレファレンス質問に回答しなさい。
1. 平徳子の院号を知りたい。
2. 原色牧野植物大図鑑の「牧野」とはどんな人物か知りたい。

3. 秋田県出身の政治家である中川重春の略歴について知りたい。
4. 13世紀ころ活躍したダンテの表記と略歴について知りたい。
5. 1876年、来日したベルツは日本で何を行ったのかを知りたい。
6. 19世紀頃に活躍した探険家ホールの生没年について知りたい。
7. 1949年に生まれたベルーシションについて知りたい。
8. 1920年代に生まれたジャコブ，フランシスについて知りたい。
9. 中山靖王について知りたい。
10. 戦国時代の五雄は誰で、その中で一番早く生まれた人物を知りたい。
11. 乱歩賞、日本推理作家協会賞、直木賞をすべて受賞した人を知りたい。
12. お笑い四天王に該当する人について書かれた文献があるのか知りたい。
13. 外交官の薮中三十二は、どう読むのか、また略歴を知りたい。
14. コンピュータの母、ホッパーの業績や略歴を知りたい。
15. 加藤彰彦と野本三吉はどちらが本名なのか。略歴、著作も知りたい。
16. 三哲という漢学者はいるのか。また、三哲に該当する人も知りたい。
17. 哥倫布とは、どう読み、どのようなことをした人物か知りたい。
18. フィンセント・ファン・ホッホとも呼ばれる人物について知りたい。
19. ジョージ・ワシントンの桜の木の逸話を伝記に書いた人を知りたい。
20. 子淵という号をもつ孔子の子孫の名前や略歴を知りたい。
21. ケイト・トンプソンはどのような文学賞を受賞しているのか知りたい。
22. シャンティ国際ボランティア会の概要と刊行物を知りたい。
23. 国際協力機構の理事長は誰か。また、その人物の経歴を知りたい。
24. 自動車会社マツダの海外進出の状況（現地法人等）を知りたい。
25. Twitter社（米国）の概要と過去2年の売り上げを知りたい。
26. スティーブ・ジョブズの設立した上場企業とその業績を知りたい。
27. 清水建設と澁澤栄一の関係を知りたい。
28. 小岩井農場の小岩井とは、誰のことか知りたい。
29. 明治か大正頃に金森又一郎が大阪電気軌道の専務を務めたが、その会社は今どうなっているのか。また、金森について何かわかることはあるか。

30. 明治時代、大丸呉服店は東京のどこにあったのかを知りたい。

第11章　地理（地名）、歴史情報の探し方

1　地理（地名）、歴史情報の特徴

本章では、地理（地名）や歴史に関わる情報を探す'コツ'を学ぶ。我々人類は生活環境に応じて文化を育み、社会を形成してきた。その環境に最も影響を与えているものが地理であり、それぞれの環境における社会形成の足跡が人類の歴史である。したがって、地理（地名）情報と歴史情報は社会生活を知るうえで最も基礎的な情報であり、不可分な関係にあるといえる。地理（地名）・歴史情報には、以下のような情報が考えられる。

地理（地名）情報
(1) 地名に関する情報
　　地名の読み方、地名の由来、過去の地名など
(2) 地図に関する情報
　　地域の地形、場所、道、特定事項の分布などに関する情報
(3) 地域やまちの概要に関する情報
(4) 地理学に関する情報

歴史情報
(1) 国や地域の歴史、事物に関する情報
(2) 出来事に関する（内容と日時）情報
(3) 年中行事やまつりに関する情報
(4) 事物の起源や由来に関する情報

第11章　地理（地名）、歴史情報の探し方

以下、情報要求に対応していく際、主に使用するツールを紹介する。

2　地理（地名）、歴史情報に関するネットワーク情報資源

2.1　地理（地名）に関する情報源

(1)地名の読み方に関する情報源

- 地名検索〈http://www.hucc.hokudai.ac.jp/~x10795/APIv3p18.html〉
  ：漢字による日本の地名検索と日本地図による場所を確認することが可能である。北海道大学情報基盤センター北館が提供する。

- 固有名よみかた検索〈http://www.reference-net.jp/yomikata/〉
  ：地名、河川名、神社名、寺院名、日本文学の作品名、歌舞伎・浄瑠璃の題名、動物名、植物名、一般的な難読語などの「よみかた」の検索が可能である。レファレンスクラブが提供する。

- 地名を検索〈http://kukan-id.jp/IdSupport/c_search.html〉
  ：漢字による日本の地名のよみかたと住所の検索が可能である。IIS7が提供する。

- 名字と地名〈http://folklore2006.jp/menu.htm〉
  ：都道府県別に名字に由来する地名、都道府県名の由来を調べることができる。

- 日本の地名がわかる事典〈https://kotobank.jp/dictionary/nihonchimei/〉
  ：148,406の日本の地名が50音順にリストアップされている。コトバンクで提供される。

- 世界の観光地名がわかる事典〈https://kotobank.jp/dictionary/kankochimei/〉
  ：2,344の世界の観光地、観光名所などの読み方に加え、所在や概要、見どころなどを調べられる。コトバンクで提供される。

- 世界遺産詳解〈https://kotobank.jp/dictionary/worldheritage/〉
  ：1,020の世界遺産の読み方に加え、登録年度、地理的・歴史的な概要も確認できる。コトバンクで提供される。

(2)地図に関する情報源

- 地理空間情報ライブラリー〈http://www.gsi.go.jp/〉
  ：住所や施設名、フリーワードなどで検索し、地図による場所を確認することができ

る。その他にも「分野別」のカテゴリから地球地図、地形図、古地図、空中写真、月の地形図、地理調査など、Web サイトを通して利用可能な地図を調べることができる。国土地理院が提供する。

- 地理院地図（電子国土 Web）〈https://maps.gsi.go.jp/〉
  ：日本の国土全域を覆うデジタル形式の地図情報で、緯度経度、住所、地名などで検索できる。国土地理院が提供する。
- Google map〈https://www.google.co.jp/maps/〉
  ：パノラマ写真と航空写真による世界地図。ストリートビュー機能を使えば、実際の様子を調べることができる。
- Google Earth〈https://www.google.co.jp/intl/ja/earth/〉
  ：宇宙から地球上のあらゆる場所へ行くことができる衛星写真、地図、地形、立体地図を見ることができる。（ソフトをダウンロードする必要あり）
- MapFan〈https://www.mapfan.com〉
  ：日本の全国地図を781分の1から640万の1のサイズで検索可能。その他にも道路および交通機関のルート検索もできる。インクリメントP株式会社が提供する。
- いつでも NAVI〈http://www.its-mo.com〉
  ：日本の全国地図を調べることが可能。また住所検索のほか、全国の施設、観光、レジャースポット、不動産情報も調べることができる。ゼンリンが提供する。
- 路線図ドットコム〈http://www.rosenzu.com/oi/oimap.html〉
  ：交通公共利用促進ネットワークが提供する路線図である。
- 古地図コレクション〈http://kochizu.gsi.go.jp/HistoricalMap/〉
  ：国土地理院が所蔵する伊能図、天文図などの古地図などを調べることができる。
- 古地図データベース〈http://webarchives.tnm.jp/pages/oldmaps/index.html〉
  ：東京国立博物館の古地図コレクションを電子化したもので日本図、地域図、都市図、外国図を調べることができる。
- 土地総合情報ライブラリー〈http://tochi.mlit.go.jp/〉
  ：国土交通省が提供する日本全国の公示地価、不動産取引価格などを検索でき、該当する所在地を地図上でも確認可能である。
- 路線価図・評価倍率表〈http://www.rosenka.nta.go.jp/〉
  ：国税庁が［ゼンリンの地図をもとに］提供する相続財産などの評価に使われる地図

である。市町村の町字単位で検索可能である。
- **全国地価マップ**〈http://www.chikamap.jp/〉
  ：固定資産税路線価、相続税路線価、地価公示価格、都道府県地価調査価格を調べ、地図上で確認することができる。

(3) 地域やまちの概要に関する情報源
- **CityDO！**〈http://www.citydo.com/top.html〉
  ：日本全国の地域ごとに生活や観光情報を探すことができる。また、市町村が発行するわが街事典のPC版も閲覧することができる。サイネックスが提供する。
- **全国自治体・観光協会等リンク集**
  〈http://www.mlit.go.jp/kankocho/kanko_links.html〉
  ：全国地方自治体の観光協会などのサイトを調べることができる。観光庁が提供する。
- **全国観るなび**〈http://www.nihon-kankou.or.jp〉
  ：全国のおすすめ観光情報を提供し、今月のイベントや季節情報などを調べることができる。日本観光振興協会が提供する。
- **外務省**〈http://www.mofa.go.jp/mofaj/area/index.html〉
  ：「国と地域」において各国の政治、経済、文化などに関する情報を調べることができる。また世界各国にある駐日外国公館ホームページ〈http://www.mofa.go.jp/mofaj/link/embassy/index.html〉では現地からの情報を確認することができる。
- **世界の国旗と国名の由来、地図、歴史、ドメイン名**
  〈http://www.fuzita.org/wldculture/dnames/flags.html〉
  ：世界各国の国旗、首都、人口、人種構成、言語、宗教、通貨、ドメイン名などを調べることができる。

(4) 地理学に関する情報資源
- **国内の地理学関連ホームページ**〈http://www.ajg.or.jp/link-kokunai.html〉
- **海外の地理学関連ホームページ**〈http://www.ajg.or.jp/link-kaigai.html〉
  ：日本地理学会が提供し、地理学に関する学協会、大学・研究所などを確認することができる。

2.2 歴史に関する情報源

(1)国や地域の歴史、事物に関する情報源

- 歴 seek 〈http://rekiseek.hydeen.com〉
  : 宇宙の誕生から現在までの約66,000件の歴史情報を扱ったデータベースで国、カテゴリ、西暦、キーワードで調べることができる。ソフトヴィジョンにより提供される。
- 世界史の窓 ハイパー世界史用語集
  〈http://www.y-history.net/appendix/appendix-list.html〉
  : 世界史全般の用語集で、内容別、音別に調べることができる。Y-History 教材工房が提供する。
- K'sBookshelf 辞典・用語 日本史用語
  〈http://www.ksbookshelf.com/DW/Nihonshi/index.html〉
  : 日本史の用語集で、音順、部首画数などで調べることができる。
- クリック20世紀 〈http://www.c20.jp〉
  : 20世紀の歴史情報のデータベース。人物ファイルやテーマ史ファイルでは、主題の関連した収録情報も合わせて提示されている。colorchips により提供される。
- History of Modern Japan 〈http://www.geocities.jp/since7903/〉
  : 日本近代年表をはじめ、日本近現代史における政治、人物、用語集が用意されている。
- 中国丸ごと百科事典 〈http://www.allchinainfo.com〉
  : 中国の歴史をはじめ、中国全般について調べることができる。中国丸ごと百科事典により提供される。
- 韓国旅行 〈http://www.kampoo.com〉
  : 韓国の歴史、文化、事情などについて調べることができる。Kampoo により提供される。
- 貨幣博物館 〈https://www.imes.boj.or.jp/cm/history/〉
  : 日本の貨幣史について調べることができる。PDF ファイルによる参考資料も提供されている。日本銀行金融金融研究所により提供される。
- 目で見る世界史 〈http://history.husigi.com〉

：海外サイトを中心とした世界史リンク集がある。リンク切れも見られるが古代から現代までの歴史に関するサイト地域ごとに分類し提供。「世界史小ネタ」では、参考文献に基づいた歴史情報が掲載されている。

(2) 出来事に関する（内容と日時）情報に関する情報源

・日本の歴史 − 日本史年表 〈http://www.papy.in/rekishi/nihon/index.html〉
　　：日本の旧石器時代から現代までの日本の歴史を年代、時代別にまとめた年表で、キーワードはウィキペディアの当該項目へリンクされている。papy で提供する。

・理解する世界史 & 世界を知りたい
　〈http://www2s.biglobe.ne.jp/〜t_tajima/index.htm〉
　　：一覧可能な世界史年表あり、事項を選択すると詳細を確認可能である。T.T Home Page で提供される。

・データベース20世紀・21世紀年表検索ページ［データベース「世界と日本」］
　〈http://www.ioc.u-tokyo.ac.jp/〜worldjpn/chronology/〉
　　：1900年−2006年12月までの間の出来事をフリーワードと期間による全文検索ができる。東京大学東洋文化研究所田中明彦研究室が提供する。

・年表 〈http://ch-gender.jp/wp/?page_id=2258〉
　　：女性史を中心とした日本、世界の地域、テーマ別の年表を一覧することができる。比較ジェンダー史研究会が提供する。

(3) 年中行事やまつりに関する情報源

・暮らし歳時記 〈http://www.i-nekko.jp〉
　　：日本の二十四節気のような暦、お正月のような年中行事、盆踊りのようなまつり・遊び、土用の丑の日のような四季と行事食を一覧することができる。サイト内検索も可能である。私の根っこプロジェクトで提供される。

・日本の行事・暦 〈http://koyomigyouji.com/index.html〉
　　：祝日、節句、まつりなどを一覧することができる。

・伝統的民間年中行事 〈http://www.k4.dion.ne.jp/〜nobk/other-folk/dentou.htm〉
　　：正月、桃の節句、大晦日などについて一覧することができる。金谷信之が提供する。

第Ⅱ部　情報サービスの実践

- 廓の年中行事〈http://yosiwarasaiken.net/arinsu/year.html〉
  ：遊郭における年中行事を一覧することができる。吉原再見で提供される。
- 喜田文庫民俗芸能データベース〈http://www.suma.kobe-wu.ac.jp/kita/〉
  ：昭和30-50年代を中心とした全国各地の民俗芸能を撮影したスライド・カラーネガ・白黒ネガ・ネガ不明の現像写真、該当する調査ノートを電子化したものを地域別に調べることができる。神戸女子大学が提供する。

(4)事物の起源や由来に関する情報

- 日本史の雑学事典〈http://www.jlogos.com/d013/〉
  ：河合敦編『日本史の雑学事典』（日本実業出版）のもとに作られたサイトで、日本史の雑学が調べられる。JLogosが提供する。
- 神道・神社史料集成（神社資料データベース）〈http://21coe.kokugakuin.ac.jp/db/jinja/〉
  ：史料に記載された日本の神社を旧国名から調べられ、主要な神社については、その起源や由来を示す史料の原文を参照できる。また、神祇史料集成も一緒に確認可能である。国学院大学が提供する。
- 風俗図会データベース〈http://shinku.nichibun.ac.jp/esoshi/index.php?disp=JP〉
  ：江戸時代庶民のあいだで流行した絵入り読み物、絵双紙（絵草子・絵草紙）関係資料の画像データベースで、キーワード検索ほか、作品・作者・種別、テーマ別に一覧可能である。国際日本文化研究センターが提供する。
- 今日は何の日？カレンダー〈http://today.hakodate.or.jp/default.htm〉
  ：月日からその日の出来事を調べることができる。函館インフォメーション・ネットワーク株式会社が提供する。
- 日めくりカレンダー.com〈http://www.himekuricalendar.com/〉
  ：年間、月別カレンダー、日数計算カレンダー、大安カレンダーなどを確認可能である。

第 11 章 地理（地名）、歴史情報の探し方

③ 地理（地名）、歴史情報に関する冊子体情報資源

3.1 地理（地名）に関する情報源
(1)地名の読み方に関する情報源
- 角川日本地名大辞典（角川書店）
  ：都道府県別（北海道及び、京都は上下分冊）に分け、その中を地名編と地誌編に構成し、地名編では音順に日本の地名を収録し、詳しく解説する。別巻に資料集成と全巻の地名索引がある。全49巻50冊。
- 日本歴史地名体系（平凡社）
  ：都道府県別（京都は京都府と京都市に分かれ、大阪府は2分冊）に分けられた各巻に総論と地域別に廃社、廃寺、古井戸などの歴史的地名を収録する。各巻末に50音順索引と難読地名一覧がある。また、別に全体の索引もある。全50冊。
- 古代地名大辞典（角川書店）
  ：角川日本地名大辞典に考古学の成果を反映させ、1185年以前の地名を収録し解説する。
- 大日本地名辞書：増補（冨山房）
  ：全8巻で、1969-1971年刊行と古いが、その解説は民俗学的に優れている。第1巻にかな索引と漢字索引を収録し、第8巻に樺太、台湾なども収録する。
- コンサイス日本地名事典　第5版（三省堂）
  ：行政・自然・歴史地名、河川名など約21,000項目を50音順に収録する。
- 世界地名大事典（朝倉書店）
  ：世界の約50,000の地名を地域別・音順配列として、全9巻に収録する最も詳しい外国地名事典である。
- コンサイス外国地名事典　第3版（三省堂）
  ：主要な世界の地名を50音順配列し、簡便に探すことができるよう1冊に収録する。巻末にはラテン語文字索引と漢字画数順索引がある。
- 新訂全国地名駅名よみかた辞典（日外アソシエーツ）
  ：地名118,926件、駅名8,980件を頭文字の「英数字」、「カタカナ」、「ひらがな」、「漢

字」に分けて、総画数順に配列し、その読みを確認できる。
- 難読・異読地名辞典（東京堂出版）
  ：日本の行政区画名、地域区分名、著名な集落名から難読・異読地名を収録し、頭字の画数順に配列する。巻末に頭字標準音順索引が付けられている。
- 外国地名よみかた辞典（日外アソシエーツ）
  ：アルファベット表記33,523件と対応するカタカナ表記43,869件を50音順に収録し、どこの国・地域の地名か併記する。
- 世界地名語源辞典（古今書院）
  ：5,000以上の地名を50音順に配列し、その語源を解説する。巻末に国別地名一覧が付けられている。

(2) 地図に関する情報源
① 世界地図
- 世界大地図帳　7訂版（平凡社）
  ：世界全図、地域別各国地図、主要都市図などを収録する。

② 日本地図
- 日本分県大地図（平凡社）
  ：見開き2ページに各都道府県図を最大に表示できる縮尺で収録する。
- 伊能図大全（河出書房新社）
  ：江戸期に作成された日本地図である伊能大図、中図、小図と地名索引、解説などを全7巻に収録する。
- ゼンリン住宅地図（ゼンリン）
  ：日本全国の建物などの状況を確認できる県別・自治体別の地図帳で、都市部は年刊、それ以外は2年から5年に1回刊行される。索引もある。
- ブルーマップ：住居表示地番対照住宅地図（ゼンリン）
  ：「ゼンリン住宅地図」に法務局（登記所）備え付けの地図と地図に準ずる図面（公図）および都市計画情報を重ね合わせた地図である。
- 分県地図（昭文社）

：都道府県別の大判一枚ものの地図で、おもて面は基本情報を収録した地図、うら面は観光・レジャーに使える情報を収録した地図となっている。
- 都市地図（昭文社）
：日本国内の主要都市別の一枚ものの地図である。
- 2万5千分1地形図（国土地理院）
：縮尺2万5千分1として、国土を4,000面以上に分割する一枚ものの地図である。別に刊行された『マップインデックス 地図索引図』には、「小縮尺図一覧」、「湖沼図一覧」、「市町村名索引」、「主要な河川名・街道名索引」、「主要な山名・湖沼名索引」が収録されている。

(3)地域やまちの概要に関する情報源
- 日本の地理（学研教育出版）
：小学生向けだが、日本の地方別に地理情報を平易に解説されているため成人でも使いやすい。8巻目に総索引が収録されている。
- 図説大百科世界の地理（朝倉書店）
：*Oxfordshire : Andromeda* の翻訳で、地域ごとに国別状況、自然地理、人文地理の状況を23巻に分け、詳述する。24巻目に総索引・用語解説がある。
- 韓国 朝鮮を知る事典（平凡社）
- 東南アジアを知る事典（平凡社）
- 南アジアを知る事典（平凡社）
- 中央ユーラシアを知る事典（平凡社）
- 東欧を知る事典（平凡社）
- スペイン・ポルトガルを知る事典（平凡社）
- ロシアを知る事典（平凡社）
- アフリカを知る事典（平凡社）
- アメリカを知る事典（平凡社）
- ラテンアメリカを知る事典（平凡社）
- オセアニアを知る事典（平凡社）
：『〜を知る事典』シリーズの各冊は、総論、項目編、国名・地域編、資料編から構

成され、国名・地域編の部分に人文地理的な各国の情報が収録されている。巻末に音順の事項索引が付けられている。
- 事典現代のドイツ（大修館書店）
- 事典現代のフランス（大修館書店）
- 事典現代のアメリカ（大修館書店）
  : 『事典現代の〜』の各冊はやや古いが歴史・国土・地形・景観・都市計画などの人文地理的な情報を確認することができる。事項索引が付けられている。
- 現代ブラジル事典（新評論）
  : 自然・地理、歴史、文化は、新版ではなく2005年刊行版のみに収録される。
- 世界「地方旗」図鑑（えにし書房）
  : 地域別・国別に市旗、州旗などを調べられる。小さいが国旗も掲載する。

(4)地理学に関する情報資源
- 人文地理学辞典（朝倉書店）
  : 人文地理学諸分野、産業・交通、歴史地理学の用語約1,940項目を収録している。小項目主義で、巻末には事項索引がある。
- 地理学辞典（二宮書店）
  : 地理学分野の専門用語をはじめ、関連用語について図表を交えながら解説されている。小項目主義で、巻末に事項索引がある。
- オックスフォード地理学辞典（朝倉書店）
  : 地理学に関する基本用語の日本語訳を50音順配列するとともに、巻末には欧文索引が付けられている。
- 人文地理学事典（丸善）
  : 分野別に地理学用語を配列した中項目主義で、冒頭に見出し語50音索引、巻末に事項索引、人名索引がある。

3.2 歴史情報に関する冊子体情報資源
(1)国や地域の歴史、事物に関する冊子体情報資源
- 歴史学事典（弘文堂）

第11章　地理（地名）、歴史情報の探し方

　：歴史的事項を扱う際の切り口を説明する事典で、「交換と消費」、「王と王家」、「宗教と学問」などの全15巻のほか、別巻として総索引がある。
・國史大辞典（吉川弘文館）
　：日本歴史の全領域を網羅し、考古、民俗、国文学などの諸分野の用語も収録している。15巻17冊からなり、索引もある。Japan Knowledge でも同辞典を検索可能である。
・日本歴史大辞典　増補改訂版（河出書房新社）
　：1968-1970年刊行とやや古いが収録用語が充実している。別巻含めて全12冊である。
・日本史広辞典（山川出版社）
　：約44,000項目の日本史に関わる用語を200字程度で簡潔に説明する項目が多い。
・新編日本史辞典（東京創元社）
　：1990年刊行と古いが役職表や平安京図などの300頁を超える付録が充実する。
・日本古代史事典（朝倉書店）
・日本中世史事典（朝倉書店）
　：日本古代史／中世史を時期別に解説し、巻末に50音順の事項索引がある。
・戦後史大事典：1945-2004（三省堂）
　：流行語も含めた戦後日本にかかわる様々な用語とともに、関連する写真や図版も収録されている。
・日本外交史辞典（山川出版社）
　：概ね1853-1990年までの外交史に関わる語彙を音順に配列し、巻末に事項索引がある。
・世界歴史大事典（教育出版センター）
　：20巻までは世界史の基本用語を音順に配列し、21巻総索引、22巻人名索引、ジャンル別索引、分野別索引となっている。
・ビジュアル世界史：ヨーロッパアメリカオセアニア事典（教育出版）
　：世界諸地域の歴史の基本的用語を１冊の中に音順で配列する。図版も豊富である。
・アジア歴史事典（平凡社）
　：1959-1962年と刊行年は古いものの、アジア史に関わる用語を広く収録している。用語を音順に収録した９巻と索引１巻、歴史地図と資料集成の別巻からなる。
・新編東洋史辞典（東京創元社）

第Ⅱ部　情報サービスの実践

　　：1980年刊行と古いが、東洋史の基本語を広範に収録し、統治表や官職表などの付録も充実している。巻末に50音順の事項索引がある。
　・中国文化史大辞典（大修館書店）
　　：中国について何か調べようとする際、手がかりとなるよう広範な用語を50音順に収録する。
　・新編西洋史辞典　改訂増補（東京創元社）
　　：西洋史の基本語を収録、増補部分が別立ての点に注意を要する。
　・英米史辞典（研究社）
　　：英・米、それぞれひとりの執筆者が統一的に用語を解説する。アルファベット順配列である。
　・古代エジプト百科事典（原書房）
　　：古代エジプトに関わる用語を50音順に収録し、それぞれ詳細に解説する。
＊歴史事典には、事項索引のほか地名索引や人名索引、歴史地図が用意されている。また特定の時代に特化した歴史事典もある。

(2)出来事に関する（内容と日時）冊子体情報資源
　・新・国史大年表（国書刊行会）
　　：日本の古代から2012年までの事項を9巻からなる年表にまとめる。各巻末に項目索引・人名索引が付くほか、10巻は全体の索引となっている。
　・日本史総合年表　第2版（吉川弘文館）
　　：國史大辞典の付録的位置づけ。38,000の事項を年表にまとめる。
　・近代日本総合年表　第4版（岩波書店）
　　：1853年-2000年末までの出来事を年表にまとめる。
　・世界史大年表（山川出版社）
　　：1991年までの事項を世界（欧米・亜・阿）と日本に分けて年表にまとめる。
　・世界史年表　第2版（岩波書店）
　　：1991年までの事項を年表にまとめる。巻末に事項索引が付けられている。
　・20世紀年表（毎日新聞社）
　　：1900年-1996年の事項について写真や図版を多用しながら年表にまとめる。

第11章　地理（地名）、歴史情報の探し方

・読むアメリカ史年表（原書房）
：1000年-2010年までのアメリカ合衆国史上の事項を4冊の年表にまとめる。

(3)年中行事やまつりに関する冊子体情報資源
・年中行事大辞典（吉川弘文館）
：故実的な年中行事、寺社の祭礼、民間の行事などの情報を50音順に排列する。
・日本まつりと年中行事事典（桜楓社）
：寺社の祭礼、家庭の行事、民俗、芸能、暦など約1,300項目をジャンル別に排列する。

(4)事物の起源や由来に関する冊子体情報資源
・事物起源辞典：衣食住編（東京堂書店）
：衣食住に関わる事物の起源を簡潔に説明する。
・明治事物起原（筑摩書房）全8冊
：明治維新後に登場した事物を取り上げ、主題ごとに由来・沿革を解説している。
・社寺縁起伝説辞典（戎光祥出版）
：神社・寺院の草創と沿革などの縁起に関する1,155項目を収録する。
・20世紀暦・曜日・干支・九星・旧暦・六曜（日外アソシエーツ）
・21世紀暦・曜日・干支・九星・旧暦・六曜（日外アソシエーツ）
：それぞれ20世紀の暦・曜日・干支・九星・旧暦・六曜を一覧できるように収録している。

4　目的別情報資源の使い方

4.1　地理（地名）情報

(1)ネットワーク情報資源で探す

　地名の読み方や地名の概要を簡便に確認するには、**固有名よみかた検索**や**日本の地名がわかる事典**などで検索する。日本の地図に関しては、**地理空間情報ライブラリー**から、各種地図へアクセスできる。世界の地図や地球図は、

第Ⅱ部　情報サービスの実践

Google map や Google Earth で検索する。日本の地域情報は、CityDO！などが有用である。海外の情報は、**大使館**ほか、**世界の国旗と国名の由来**、**地図**、**歴史**、**ドメイン名**などで探せる。

(2)冊子体情報資源で探す

　日本の地名を詳しく調べるには、**角川日本地名大辞典**や**日本歴史地名体系**が有用である。簡便に調べるには、**コンサイス日本地名事典**などを用いる。世界の地名を詳しく調べるには、**世界地名大事典**を用い、簡便に調べるには**コンサイス外国地名事典**などを用いる。日本地名の読みは、**新訂全国地名駅名よみかた辞典**や**難読・異読地名辞典**、世界の地名の読み（語源）は**外国地名よみかた辞典**や**世界地名語源辞典**を用いる。地図は、用途（住宅、地価など）発行年や形態（一枚ものか冊子か）を確認し、適切なものを選択する。地理学用語は、ネットワーク情報資源では調べにくいため、冊子体情報資源から適宜選択する。

4.2　歴史情報

(1)ネットワーク情報資源で探す

　Japan Knowledge に収録された**國史大辞典**は国や地域の歴史、事物に関する情報や出来事に関する（内容と日時）情報を体系的かつ網羅的に検索できる。他のネットワーク情報資源は分野が限定されていたり、事項の説明が簡易的であったりするものがみられることに留意し選択する。年中行事やまつりに関する情報や事物の起源や由来に関する情報についても、資料をデジタル化した**喜田文庫民俗芸能データベース**や**神道・神社史料集成**、**風俗図会データベース**などは、各分野の情報を探す際に有用である。

(2)冊子体情報資源で探す

　国や地域の歴史、事物に関する情報で、日本の事項を調べる場合は**國史大辞典**が有用である。その他、特定時代であれば、**日本古代史事典**や**戦後史大事典**を用いることができる。世界の事項を調べる場合には、**世界歴史大事典**が有用

第11章　地理（地名）、歴史情報の探し方

で、特定地域の場合には、**中国文化史大辞典**や**英米史辞典**などを用いる。出来事に関する（内容と日時）情報は、日本の事項は、**新・国史大年表**や**日本史総合年表**などを選択し、世界の場合には**世界史大年表**などを用いる。ただし、収録されている下限の年代をよく確認し選択する必要がある。年中行事やまつりに関する情報は、**年中行事大辞典**や**日本まつりと年中行事事典**などを使い分ける。事物の起源や由来に関する情報は、分野や時期に応じて、**事物起源辞典：衣食住編**や**明治事物起原**などから選択する。また、暦などは、**20世紀暦・曜日・干支・九星・旧暦・六曜**や**21世紀暦・曜日・干支・九星・旧暦・六曜**で調べられる。

◆演習問題11-1　本章で紹介した情報資源などを活用して、以下のレファレンス質問に回答しなさい。
（地理・地名に関する質問）
1．都市地理学とは何か。
2．カルトグラムとは何か。
3．五泉市とはどこにある市か。
4．落雷の読み方と所在地が知りたい。
5．全国に「鍛冶屋町」はいくつあるか。
6．目尾の読み方が知りたい。
7．月出山岳の読み方が知りたい。
8．ソウルの行政区画の地図が見たい。
9．波照間島の名称の由来が知りたい。
10．伊能忠敬が作成した日本地図が見たい。
11．タシケントという都市名の由来が知りたい。
12．ユーゴスラビアという国名の由来が知りたい。
13．慶州の概要が知りたい。
14．ウルグアイの主要観光都市が知りたい。
15．西東京市は以前、どのような地方自治体であったか知りたい。

第Ⅱ部　情報サービスの実践

（歴史情報に関する質問）
16. ミトラ教（ミトラス教）について知りたい。
17. 万里の長城はいつ頃作られたのか知りたい。
18. 現在ある生命保険を最初に提供したのは、いつどこの国の会社か知りたい。
19. 太閤検地の目的が知りたい。
20. ビールはいつごろから飲まれていたか。飲んでいた民族、地域も知りたい。
21. 紅毛人とはどの国の人であったのか知りたい。
22. 冒頓単于とはどのような人か。よみかたとあわせて知りたい。
23. 諏訪大社の御柱祭は、次におこなわれるのはいつか。由来も知りたい。
24. 勘合貿易とはどのようなものであったのか知りたい。
25. アラビア数字の0は、いつ頃、どこの地域で使用されるようになったのか知りたい。
26. 五か国同盟の概要と破綻した理由が知りたい。
27. 3月14日に起こった出来事について知りたい。
28. 端午の節句の由来が知りたい。
29. 明暦の大火はいつ起こったか知りたい。
30. 西夏とはどのような国だったのか知りたい。

◆演習問題11-2　本章で紹介した情報資源などを活用して、以下のレファレンス質問に回答しなさい。

（地理・地名、歴史情報に関する質問）
1．ヨーロッパにコーヒーハウスやカフェが登場したのは何世紀か？
2．「3・1独立運動」がおこった都市を示した地図が見たい。
3．アメリカにあるHagerstownの読み方を知りたい。
4．なぜ、昔のお金の穴は四角だったのか知りたい。
5．江戸時代の松前藩はどのような藩であったのか知りたい。

第11章　地理（地名）、歴史情報の探し方

6．日本の三大仇討ちとは何か。それぞれの概要が知りたい。
7．近衛文麿が内閣総理大臣に就任したのはいつか。また内閣を務めた期間の主だった政治的活動についても知りたい。
8．ベルギーと日本の政治関係が知りたい。
9．ブレーキストン線について知りたい。
10．ヤリキレナイという名の川があるらしい。どこにあるのか。できれば名称の由来、どのような川であるかも知りたい。
11．出羽という地名はいくつあるか。読み方も含めて知りたい。
12．サモア独立国の概要と地理的位置と、在日本大使館の所在地を知りたい。
13．田中角栄が総理大臣に就いたのはいつか。合わせてその年に世界で起こった出来事についても知りたい。
14．たばこはいつ誰によって、どこからヨーロッパに伝えられたのか知りたい。
15．ルーマニアの国旗とそっくりの国旗を持つ国がある。どこの国か。国旗の比較とその理由が知りたい。
16．杵築市でおこなわれる天神まつりに行きたい。今年はいつ、どのようなことがおこなわれるのか知りたい。
17．モン・サン・ミシェルの起源とどのように使用されてきたのか知りたい。
18．つくば市が誕生する前はどのような地方自治体があったか知りたい。
19．マダガスカルという国名の由来と国旗が知りたい。
20．朝熊の読み方と所在する都道府県名と市町村名が知りたい。
21．姫島の由来、行政の歴史、年中行事が知りたい。
22．カルスト地形とはどのような地形か。発達する仕組みも含めて知りたい。
23．アメリカの移民法が成立したのはいつか。できればその経緯も知りたい。
24．千葉にある成田不動尊が建立されたきっかけを知りたい。
25．アッピア街道の歴史とルートが知りたい。
26．「かたぎぬ」とは、どのようなものか知りたい。
27．2代目柳亭種彦の別名と本名が知りたい。

28. 江戸時代、初代の石見銀山の奉行だった人物が知りたい。
29. 濃尾地震はいつ起きたのか?できれば被害も教えてほしい。
30. 紀尾井坂の場所と由来が知りたい。

第12章　生活に関わる情報の探し方

1　生活に関わる情報の特徴

　本章では、生活に関わる情報の探し方について探す'コツ'を学ぶ。人間が生活していくうえで、主題の点、情報の特徴の点で実に様々な情報を集め、それに基づき判断・行動を行っている。生活に関わる情報は、消費生活、福祉、子育てのように、その情報がどのような場面で必要とされているのかがおおよそ決まっている。また、生活に関する情報は、行政や民間の企業団体による人々の生活に向けたサービスや事業を通して、ネットワーク・紙媒体問わず随時発信される傾向がみられる。そうした情報を探すときは、まず手がかりとして、必要となる場面の生活に関与する**組織**を特定することである。そこから情報が発信されているか否かを確認していくことになる。また、自治体の広報誌（紙）にも生活支援に関わる多様な情報が掲載されている。
　以下、情報要求に対応していく際、主に使用するツールを紹介する。

2　生活情報に関するネットワーク情報資源

2.1　労働情報
(1)求職・就職に関する情報
　・ハローワークインターネットサービス〈https://www.hellowork.mhlw.go.jp/〉
　　：求人情報を中心とする雇用関係の情報を検索可能。リンク集から他の求人情報サイトにもアクセス可能である。厚生労働省職業安定局が提供する。

第Ⅱ部　情報サービスの実践

＊上記のほか、リクナビ、マイナビ、エンジャパンのような民間就職情報サイトもある。
・都道府県労働局（労働基準監督署、公共職業安定所）所在地一覧
　〈https://www.mhlw.go.jp/kouseiroudoushou/shozaiannai/roudoukyoku/index.html〉
　：都道府県の労働局、賃金や解雇などの法令違反や労災保険の相談窓口である労働基準監督署、職業・就業相談窓口のハローワーク（公共職業安定所）の情報を確認可能である。厚生労働省が提供する。
・総合労働相談コーナーのご案内
　〈https://www.mhlw.go.jp/general/seido/chihou/kaiketu/soudan.html〉
　：あらゆる労働問題についての相談窓口を都道府県別に確認可能である。厚生労働省が提供する。
・教育訓練給付制度講座検索システム
　〈https://www.kyufu.mhlw.go.jp/kensaku/SCM/SCM101Scr02X/SCM101Scr02XInit.form〉
　：教育訓練給付制度の対象となる厚生労働大臣が指定した講座を検索可能である。

2.2　医療、保健、福祉に関する情報

(1)医療機関情報
・医療機能情報提供制度（医療情報ネット）：都道府県情報提供ネット
　〈https://www.mhlw.go.jp/stf/seisakunitsuite/bunya/kenkou_iryou/iryou/teikyouseido/index.html〉
　：都道府県ごとに、診療科目、診療日、診療時間などの医療機関情報を確認可能である。
＊各地の医師会のWebサイトから医療機関を検索できる場合もある。

(2)薬の情報
・Pmda　〈https://www.pmda.go.jp/〉
　：「一般の方向け」の項目で薬服用時の注意事項、医薬品の安全性情報などを確認可能である。医薬品医療機器総合機構により提供される。
・日本薬局方　名称データベース　〈https://jpdb.nihs.go.jp/jp/〉

：日本薬局方に収載されている品目（医薬品各条の化学薬品等及び生薬等）についての専門的な解説を検索可能である。国立医薬品食品衛生研究所が提供する。
＊薬局については、各地の薬剤師会のWebサイトから検索できる場合もある。

(3)保健・予防対策の情報
・保健所管轄区域案内
　〈https://www.mhlw.go.jp/stf/seisakunitsuite/bunya/kenkou_iryou/kenkou/hokenjo/〉
　：介護予防、母子、精神保健などの相談窓口となる全国の保健所情報を検索可能。
・熱中症予防情報サイト　〈http://www.wbgt.env.go.jp/〉
　：熱中症対策マニュアルや対策のために5月から10月まで、暑さ指数を随時提供する。環境省が提供する。
・国立感染症研究所　〈https://www.niid.go.jp/niid/ja/〉
　：感染症情報の「疾患名」、「感染源や特徴」「予防接種情報」、「災害と感染症」で、ウィルスの流行状況やワクチン紹介、予防接種Q&Aなどの情報を確認可能である。

(4)福祉情報
・生活保護・福祉一般（厚生労働省）
　〈https://www.mhlw.go.jp/stf/seisakunitsuite/bunya/hukushi_kaigo/seikatsuhogo/index.html〉
　：厚生労働省が提供する生活保護や福祉に関する制度情報である。
・福祉事務所一覧
　〈http://www.mhlw.go.jp/stf/seisakunitsuite/bunya/hukushi_kaigo/seikatsuhogo/fukusijimusyo/index.html〉
　：生活保護の相談・申請窓口である各地の福祉事務所を確認することが可能である。厚生労働省が提供する。
・介護事業所・生活関連情報検索　〈https://www.kaigokensaku.mhlw.jo.jp/〉
　：介護保険法に基づく、全国約190,000の「介護サービス事業所」の情報を検索・閲覧可能である。厚生労働省が提供する。
・全国の地域包括支援センターの一覧（都道府県のホームページへリンク）

〈https://www.mhlw.go.jp/stf/seisakunitsuite/bunya/hukushi_kaigo/kaigo_koureisha/chiiki-houkatsu/〉

：介護サービスや介護予防の相談窓口の地域包括支援センター（市町村設置）を確認可能である。厚生労働省が提供する。
- **ふくしのネットワークリンク**〈https://www.shakyo.or.jp/network/index.htm〉

：ボランティア活動相談、福祉の仕事紹介などを行う社会福祉協議会の情報を確認可能である。全国社会福祉協議会が提供する。
- **発達障害情報・支援センター**〈http://www.rehab.go.jp/ddis/〉

：発達障害児（者）の相談・支援を行う各地の発達障害者支援センターを確認可能である。国立障害者リハビリテーションセンターが提供する。

2.3　子育てに関する情報

- **子どもの救急**〈http://kodomo-qq.jp/〉

：生後1か月から6歳の子どもの症状をみて、夜間や休日などの診療時間外に病院を受診するかどうか、判断の目安となる情報を提供する。日本小児科学会が提供する。
- **児童相談所全国共通ダイヤルについて**

〈https://www.mhlw.go.jp/bunya/koyoukintou/gyakutai/index.html〉

：0～17歳の児童の養護・心身障害・非行などの相談窓口の児童相談所の情報を確認可能である。
- **子ども・子育て本部**〈https://www8.cao.go.jp/shoushi/index.html〉（内閣府）

：子育て支援情報、児童手当、幼児教育・保育無償化などの情報を確認可能である。
- **全日本私立幼稚園連合会47都道府県団体事務局一覧**

〈https://youchien.com/rengoukai/office.html〉

：幼稚園の情報を確認できる各都道府県の私立幼稚園団体へのリンクがある。
- **認可保育所の一覧**

：各都道府県・市区町村のWebサイトで提供されている。

2.4　消費生活に関する情報

- **全国の消費生活センター等**

〈http://www.kokusen.go.jp/map/index.html〉
：商品やサービスなど消費生活全般に関する全国の相談窓口を確認可能である。

・「健康食品」の安全性・有効性情報 〈https://hfnet.nih.go.jp/〉
：健康食品の基礎知識、健康危害情報、素材情報などを確認可能である。国立健康・栄養研究所が提供する。

・日本取引所グループ 〈https://www.jpx.co.jp/〉
：TOPIXのような株式市場などの指数や上場会社の開示情報を確認可能である。

・日経平均プロフィル 〈https://indexes.nikkei.co.jp/nkave〉（日本経済新聞社）
：日本経済新聞社の独自手法によって、算出される日経平均株価などを確認可能である。

・Yahoo! ファイナンス 〈https://finance.yahoo.co.jp/〉
：株価、外国為替相場、金利、企業情報などを確認可能である。

・銀行の店舗を探す 〈https://www.zenginkyo.or.jp/shop/〉（全国銀行協会）
：全国の銀行を地図やフリーワード、現在地などから検索可能である。全国銀行協会が提供する。

・全国の信用金庫ご紹介 〈http://www.shinkin.co.jp/tikubetu/index.htm〉
：日本全国の信用金庫を確認可能である。全国信用金庫協会が提供する。

・知るぽると 〈https://www.shiruporuto.jp/public/〉
：お金にかんする金融、保険、年金、税、家計などの情報を幅広く確認可能である。金融広報中央委員会が提供する。

・預金者のみなさま 〈https://www.dic.go.jp/yokinsha.html〉
：ペイオフ、預金保険制度についての基本的な情報を確認可能である。預金保険機構が提供する。

・多重債務についての相談窓口 〈https://www.fsa.go.jp/soudan/index.html〉
：多重債務（債務整理やヤミ金融問題）に陥った人が相談できる窓口を確認可能である。金融庁が提供する。

・交通事故被害者ホットライン 〈https://www.nasva.go.jp/sasaeru/hotline.html〉
：交通事故被害者が電話・電子メールで相談可能な窓口を紹介する。自動車事故対策機構が提供する。

・建築相談 〈http://www.jia.or.jp/service/consul_jia/〉

：日本建築家協会の各支部による無料建築相談情報を確認可能である。日本建築家協会が提供する。
- 土地総合情報システム 〈https://www.land.mlit.go.jp/webland/〉
  ：不動産取引価格、地価公示、都道府県地価調査などの情報を確認可能である。国土交通省が提供する。
- 収容動物検索情報サイト
  〈https://www.env.go.jp/nature/dobutsu/aigo/shuyo/〉
  ：地域ごとに迷子の動物情報を提供する自治体などのサイトへのリンクを環境省が提供する。

2.5　税に関する情報

- 国税庁 〈https://www.nta.go.jp/〉
  ：税務署の所在地情報や「訪問者別に調べる」に個人向けの情報も含まれる。
- 税理士情報検索サイト 〈https://www.zeirishikensaku.jp〉
  ：日本税理士会連合会に登録されている税理士や税理士法人を検索可能である。日本税理士会連合会が提供する。

2.6　法律相談や行政手続きに関する情報

- 法テラス 〈https://www.houterasu.or.jp/〉
  ：利用者からの問い合わせ内容に応じて、法制度に関する情報と、相談機関・団体などの情報を提供する法テラスの連絡先などに関する情報を確認可能である。日本司法支援センターが提供する。
- 弁護士を探す 〈https://www.bengoshikai.jp/〉
  ：日本弁護士連合会に登録されている弁護士の基本情報を検索可能である。日本弁護士連合会が提供する。
- 司法書士検索 〈http://www.shiho-shoshi.or.jp/doui.html〉
  ：日本司法書士会連合会に登録されている司法書士の基本情報を検索可能である。日本司法書士会連合会が提供する。
- 法務局・地方法務局所在地一覧 〈http://www.moj.go.jp/MINJI/minji10.html〉

：登記・戸籍・国籍・供託・公証などの窓口となる法務局や地方法務局の情報を確認可能である。法務省が提供する。
- 全国公証役場所在地一覧〈http://www.koshonin.gr.jp/list〉
：遺言書などの公正証書作成、私署証書や会社等の認証付与、私署証書の日付確定付与を担う公証役場の所在地や連絡先とともに、その役割を確認可能である。日本公証人連合会が提供する。
- 日本年金機構〈https://www.nenkin.go.jp/〉
：年金加入、請求などの手続き情報、相談・手続き窓口の情報などを確認可能である。

2.7 交通に関する情報

(1)道路の情報
- 道路交通情報〈http://www.jartic.or.jp/〉
：道路状況、渋滞予測、交通規制、道路開通などの情報を確認可能である。日本道路交通情報センターが提供する。

(2)鉄道・航空・航路・バスの情報
- バス・鉄道・航空・航路情報［路線、運賃など］
：個別の路線・航路は、各バス・鉄道・航空・客船会社のWebサイトで検索する。
- 横断的な乗換案内サイト（各種検索エンジンでも検索可能だが、それ以外の主要サイト）
  - ジョルダン〈https://www.jorudan.co.jp/〉
    ：鉄道、バス、航空などの経路検索可能である。
  - 駅探〈https://ekitan.com/〉
    ：鉄道、バス、航空などの経路検索や駅構内図の確認可能である。
  - トレたび〈https://jikoku.toretabi.jp/〉（交通新聞社）
    ：鉄道経路検索や路線時刻表検索が可能で、列車番号なども確認できる。
  - NAVITIME〈https://www.navitime.co.jp/〉
    ：鉄道だけでなく、自動車などの経路検索ができる。

第Ⅱ部　情報サービスの実践

2.8　気象に関する情報

・気象庁〈https://www.jma.go.jp/jma/index.html〉
：天気予報、気象記録、火山情報などを過去のものも一定期間の情報を確認可能である。

・お天気プラザ〈http://tenki.aiweather.co.jp/〉
：天気予報、天気図、海の天気、満潮、干潮、月齢、などを確認可能である。ウェザーテックが提供する。

2.9　防災（災害）に関する情報

・ハザードマップポータルサイト〈https://disaportal.gsi.go.jp/〉
：地図や空中写真に、浸水想定区域や危険箇所の情報を重ねて表示するものと、各市町村作成のハザードマップを確認可能である。国土交通省が提供する。

・防災情報提供センター〈https://www.mlit.go.jp/saigai/bosaijoho/〉
：河川、気象、渇水、道路、地震、津波、火山、海洋など防災に関わる情報を確認可能である。国土交通省が提供する。

・消防庁　防災マニュアル〈https://www.fdma.go.jp/relocation/bousai_manual/index.html〉
：地震発生時対応や非常持出し、備蓄品のチェックリストを確認可能である。

・地域防災計画データベース〈https://www.fdma.go.jp/bousaikeikaku/〉
：浸水、山崩れ、地滑り危険箇所の情報含む各都道府県の地域防災計画を検索・閲覧可能である。消防庁が提供する。

2.10　その他

・ⅰタウンページ〈https://itp.ne.jp/〉
：日本全国の店舗・施設・会社情報をもとに目的の店や施設、会社を検索可能である。NTTタウンページ株式会社が提供する。

・タウンページライブラリー〈http://www.denwacho.ne.jp/〉
：電話帳のタウンページ、ハローページ企業編の冊子をめくるように見ることができる。NTT東日本、NTT西日本が提供する。

・郵便番号検索〈https://www.post.japanpost.jp/zipcode/〉
：地図や住所から郵便番号の検索と、郵便番号から該当地域名を検索可能である。日本郵便株式会社が提供する。

3 図書情報に関する冊子やチラシなどの情報資源

3.1 労働情報

・求人情報
：最新の情報は Web サイトで情報提供されているが、地域ごとの求人誌（紙）も存在する。**求人メディア検索**〈https://www.zenkyukyo.or.jp/jobsearch/〉（全国求人情報協会）で、各地の求人情報誌（紙）を確認可能である。

・労働問題
：労働に関する問題解決について調べる際には各都道府県が作成する「**働く人、雇う人のためのハンドブック**」（大阪府）、「**労働手帳**」（神奈川県）のような冊子が有用である。

3.2 医療、保健、福祉に関する情報

(1)医療機関情報

・病院情報［所在地や診療科名など］
：『北海道・東北病院情報』『関東病院情報』『中部病院情報』『近畿病院情報』『中国・四国病院情報』『九州・沖縄病院情報』［年刊］（医事日報）で地域ごとに病院の基本的な情報を一覧できる。

＊他の病院名簿については、国立国会図書館調べ方案内「病院の名簿」で確認可能である。

(2)薬の情報

・医者からもらった薬がわかる本［年刊］（社会保険法規研究会）
：内服薬、外用薬、注射薬、漢方薬などの情報（ジェネリック含む）を収録する。
・JAPIC 医療用医薬品集［年刊］（日本医薬情報センター）

：医療用医薬品（処方薬など）の製品、用法、注意などの情報を収録する。
・JAPIC 一般用医薬品集［年刊］（日本医薬情報センター）
　：市販されている医薬品の製品、用法、注意などの情報を収録する。
・ナチュラルメディシン・データベース健康食品・サプリメント［成分］のすべて（同文書院）
　：健康食品やサプリメントの成分などの情報を収録する。

(3)保健・予防対策の情報
・熱中症：日本を襲う熱波の恐怖（へるす出版）
　：日本救急医学会編集の熱中症の基本的な解説と対策法に関する情報が収録されている。
・熱中症を防ごう―熱中症予防対策の基本（中央労働災害防止協会）
　：熱中症を防ぐために必要な原因、症状、予防、救急措置などの情報が収録されている。
・予防接種の手びき［適宜改訂］（近代出版）
　：予防接種の種類や被害救済制度などの情報が収録されている。

(4)福祉の情報
・生活保護手帳［年刊］（中央法規）
・生活保護手帳　別冊問答集［年刊］（中央法規）
　：生活保護の窓口担当者向けだが、関係法令、制度全般に関わる情報が収録されている。
・生活保護のてびき［年刊］（第一法規）
　：生活保護に関わる者向けだが、関係法令、制度に関わる情報を簡潔に収録する。
・How to 生活保護：申請・利用の徹底ガイド（現代書館）
　：生活保護制度の概要だけではなく、申請の仕方なども収録されている。
・路上からできる生活保護申請ガイド（ホームレス総合相談ネットワーク）
・路上脱出ガイド：住まいがなくて困っているあなたへ
　：東京23区版、大阪版、札幌版、名古屋版、福岡版、熊本版がある。
・高齢者と家族のためのＱ＆Ａ：法的トラブルから医療・介護支援まで（法学書院）

第12章　生活に関わる情報の探し方

　　：介護のような家族が高齢者とかかわっていくための情報が収録されている。
・介護をはじめるときに読む本　家族のための在宅医療入門（幻冬舎）
　　：家族による介護を行うために参考になる情報が収録されている。
＊上記のほか「介護ライブラリー」シリーズ（講談社）の各冊などにも介護の基本情報が収録されている。
・精神障害のある人と家族のための生活・医療・福祉制度のすべてQ&A（萌文社）
　　：精神障害者が活用できる様々な支援制度の情報が収録されている。
＊上記のほか障がいに応じた支援情報を収録した図書が刊行されている。

3.3　子育てに関する情報

・定本育児の百科（岩波書店）
　　：松田道雄が誕生から6歳までの育児を解説し、岩波文庫で3冊からなる。
・育育児典（岩波書店）
　　：育児に関する基本情報を収録し、くらしと病気の2分冊になっている。
＊上記のほかにも育児書は様々な図書が刊行されている。

3.4　消費生活に関する情報

・くらしの豆知識［年刊］（国民生活センター）
　　：契約トラブル、製品事故、食、住居、金融、生活支援制度などの情報を収録する。
・健康食品の基礎知識（じほう）
　　：健康食品を理解するための基礎的な情報を収録する。
・株価、外国為替相場、金利
　　：日刊新聞に、前日の情報が掲載されている。
・金融経済統計月報［月刊逐次刊行物］（日本銀行調査統計局）
　　：各種市場金利などの情報を収録する。Web版もある。
・交通事故示談交渉手続マニュアル（自由国民社）
　　：交通事故の示談交渉の仕方に関する情報を収録する。
・加害者・被害者のための「交通事故」完全対応マニュアル（大和出版）
　　：交通事故への対応の仕方、専門家への相談に関する情報などを収録する。

3.5 税に関する情報

＊ほぼ毎年、税制が変更されるため、国税庁や税務大学校などの刊行物や最新の図書を選択する。

3.6 法律相談や行政手続きに関する情報

- 生活実用法律事典（自由国民社）
  ：日常生活上、直面する法的な問題についての基礎的な情報を収録する。
- すぐに役立つ　1人で出来る裁判・訴訟の手続きと書式サンプル64（三修社）
  ：自分で訴訟を起こすための流れと必要書類の書き方（事例）が収録されている。
- 相続相談標準ハンドブック（日本法令）
  ：相続手続きの流れや相続人の確定、手続きなどの情報を収録する。
- 遺言相談標準ハンドブック（日本法令）
  ：遺言作成の基礎、作成手続き、内容変更などの情報を収録する。
- はじめて手続きする人にもよくわかる障害年金の知識と請求手続ハンドブック（日本法令）
  ：障害年金の請求手続きの仕方に関する情報を収録する。

3.7 交通に関する情報

(1)道路の情報［日本全国のみ］

- JAFルートマップ全日本（JAF出版社）
- ライトマップル　全日本　道路地図（昭文社）
- ワイドミリオン全日本道路地図（マイナビ）

＊上記のほか、各県版の道路地図、諸外国の道路地図も刊行されている。

(2)鉄道・航空・航路・高速バスの情報［日本］

- JR時刻表［月刊］（交通新聞社）
- JTB時刻表［月刊］（JTBパブリッシング）

第12章　生活に関わる情報の探し方

(3) 鉄道・航路の情報［海外］

- ヨーロッパ鉄道時刻表［季刊］（ダイヤモンド・ビッグ社）
  ＊上記のほか、中国や韓国などの鉄道時刻表が不定期に刊行されている。

3.8　気象に関する情報

- 天気予報
  : 日刊新聞に掲載されている。
- 気象記録
  : 過去の天気図や主要な気象記録は、『気象年鑑』や『理科年表』で確認可能である。

3.9　防災（災害）に関する情報

- これ１冊でできる！わが家の防災マニュアル（明治書院）
  : 自分で防災マニュアルを作成するための基礎的な情報を収録する。
- 東京防災（東京都）
  : 地域の特性を踏まえた防災情報を収録する。＊この他、埼玉などでも刊行されている。
- みんなで知っ得「助かる」「助ける」：視覚障害者のための防災対策マニュアル（日本盲人社会福祉施設協議会）
  : 視覚障害者に向けた防災のための基礎的情報を収録する。
- 子連れ防災（KADOKAWA）
  : 子どもと一緒に災害が発生した場合に対処するための情報を収録する。
- 災害大国・迫る危機　日本列島ハザードマップ（朝日新聞社出版）
  : 日本全体の災害危険度を確認できる地図である。＊地域ごとにも作成されている。

3.10　その他

- 生活図鑑：『生きる力』を楽しくみがく（福音館書店）
  : 料理や掃除の仕方などの衣食住の基本スキルを図入りで解説する。
- 困ったときにすぐひけるマナー大事典（西東社）
  : 贈り物、食事、訪問、冠婚葬祭、手紙などのマナーに関する情報を収録する。

第Ⅱ部　情報サービスの実践

・電話番号：電話帳［年刊］
　：地域別の個人名から電話番号（一部住所）を調べられる『ハローページ：人名編』、企業名から電話番号などを調べられる『ハローページ：企業名編』、業種から該当企業とその電話番号を調べられる『タウンページ』を使い分ける。
・郵便番号簿［年刊］（日本郵便）
　：日本各地の郵便番号の情報を収録する。

◆演習問題12-1　本章で紹介した情報資源などを活用して、以下のレファレンス質問に回答しなさい。
　1．島根県の看護師の求人にはどのようなものがあるか知りたい。
　2．熊本市のハローワーク所在地や連絡先が知りたい。
　3．宮城県仙台市で労働相談できる窓口はありますか。
　4．「英語」に関する教育訓練給付制度の対象講座が知りたい。
　5．大阪市にある神経内科が知りたい。
　6．茨城県水戸市にある薬局が知りたい。
　7．青森県にはどこに保健所がありますか。
　8．大分県別府市にある介護サービス事業所を知りたい。
　9．愛知県常滑市で介護の相談ができる窓口を知りたい。
　10．岩手県の釜石周辺でボランティアをしたいが、役立つ情報はありますか。
　11．愛媛県で発達障害の相談ができる窓口が知りたい。
　12．京都市で生活保護の相談できる窓口の情報が知りたい。
　13．新潟市で13歳の子どもの非行行為について、相談できる窓口が知りたい。
　14．広島市の保育園の情報が知りたい。
　15．長野県松本市の私立幼稚園の情報が知りたい。
　16．徳島市で消費者相談できる窓口の情報が知りたい。
　17．昨日の日経平均株価の終値を知りたい。
　18．現在、1ユーロは、何円か知りたい。
　19．埼玉県深谷市内にある銀行の情報が知りたい。

20. 山口県下関市にある信用金庫の情報が知りたい。
21. 鹿児島県で多重債務の相談できる窓口の情報が知りたい。
22. 山形県山形市の不動産取引価格の情報が知りたい。
23. 沖縄県那覇市に税務署はありますか。
24. 福島県で法律に関する相談できる法テラスの情報が知りたい。
25. 舞浜駅から大阪市のユニバーサルスタジオまで行く交通経路が知りたい。
26. 奈良県庁から三重県庁まで自動車で行く経路や所要時間が知りたい。
27. 福岡市の週間天気予報を知りたい。
28. 宮崎県高千穂町大字三田井の郵便番号を知りたい。
29. 鳥取市浜坂の情報が掲載されたハザードマップを探している。
30. 栃木県栃木市のリサイクルショップを知りたい。

◆演習問題12-2　本章で紹介した情報資源などを活用して、以下のレファレンス質問に回答しなさい。

1. この町にある病院の情報が知りたい。
2. この町にある精肉店の電話番号が知りたい。
3. この町にある市役所（役場）の所在地の郵便番号が知りたい。
4. 市販薬のミコルデ錠Aについての情報が知りたい。
5. ＪＲ京浜東北線の始発と終電の時間を知りたい。
6. 昨日、1ドルは何円であったかを知りたい。
7. 昨日の株価（終値）を知りたい。
8. 明日の東京の天気予報が知りたい。
9. 日本で観測された最も高い気温の温度・場所・日付の情報が知りたい。
10. 日本で観測された最も低い気温の温度・場所・日付の情報が知りたい。
11. 千歳空港から福岡空港までの飛行機の離陸時刻をすべて知りたい。
12. 広島にある宮島へ行くフェリーの始発時刻を知りたい。
13. 昨日現在の金利情報が知りたい。
14. PL配合顆粒という薬の情報が知りたい。

15. サプリメントに書いてある「エゾウコギ」という成分について知りたい。
16. 秋田県湯沢市佐竹町の郵便番号が知りたい。
17. 栃木県小山市と茨城県古河市を結ぶ国道を地図上で確認したい。
18. 食事マナーを調べるのに役立ちそうな図書を探したい。
19. 労働でトラブル（問題）が生じた際に役立ちそうな図書を探したい。
20. 生活保護の申請に役立ちそうな図書を探したい。
21. 路上生活する人の支援に役立ちそうな図書を探したい。
22. 予防接種の種類について調べるのに役立つ図書を探したい。
23. 高齢者介護に役立ちそうな図書を探したい。
24. 遺言作成に役立ちそうな図書を探したい。
25. 相続手続きに役立ちそうな図書を探したい。
26. 熱中症対策に役立ちそうな図書を探したい。
27. 育児に役立ちそうな図書を探したい。
28. 防災に役立ちそうな図書を探したい。
29. 交通事故に遭いましたが役立ちそうな図書を探したい。
30. 冠婚葬祭マナーを調べるのに役立ちそうな図書を探したい。

第13章　レファレンス質問に関する総合演習

1　ネットワーク情報資源を使った演習

　本書5章から12章で紹介した情報資源などを活用して、以下のレファレンス質問に回答しなさい。
1．地方公務員を目指している。公務員の奮闘記を描いた新書を読んでみたい。ちなみにテレビで著者が2015年頃に紹介されたらしい。
2．商業施設での照明に関する図書はないか。雑誌の特集でもいい。できれば2005年以降に発表されたものがいい。
3．男性の更年期障害で悩んでいる。何か良い新書はないか。
4．「モルグ街の殺人事件」をスマートフォンか電子書籍で読みたい。できれば、無料で読めないだろうか。
5．京津日日新聞のことについて知りたい。時期は問わないので、当時掲載された記事も読んでみたい。
6．雪氷環境について研究した日本人研究者の博士論文が読みたい。2000年頃に発表されたらしい。ついでに、経歴も知りたい。
7．コプト語かコプト文字を研究している研究者はいないか。できれば九州域内から講師を呼びたい。
8．文部科学省が行う学力基本調査の、秋田県の結果を分析した論文が読みたい。
9．海外で発行されている日本研究に関する雑誌には、どのようなものがあるか。
10．ゲルマン民族の大移動について、子どもにわかりやすく説明したい。

11. 暗いという言葉は「元気がない」という意味合いではどんな言い換えがあるか。
12. ウンベルト・エーコはイタリアではどのように紹介されているのか。イタリア語の勉強がてら、経歴を知りたい。
13. 英語で書かれたアフガニスタンの経済動向について知りたい。百科事典の1項目程度にまとまっていれば良い。
14. 軍用イルカとは何か。
15. 日本国内での育児休暇に関する制度をアメリカ合衆国の本社に説明したい。良い情報はないか。
16. 草津市では、愛する何とかという、地球温暖化に取り組むための条例があるらしい。全文を読みたい。
17. 池田勇人が国会の委員会で「貧乏人は麦を食え」と発言した後、木村禧八郎は誰に対して質疑応答をしたのか。そのやりとりも知りたい。
18. 高知県公報で、最新のものを読みたい。
19. 1970年代の宅急便のマークでは、猫は丸以外のどんな形に囲まれていたのか。
20. ルンバの会社はどれぐらい特許を持っているのか？
21. 「コーヒーフレッシュ」という呼び名を商標登録している会社はどこで、いつまで使えるのか。またその会社ではどのようなコーヒーフレッシュを販売しているか。
22. 日本のディズニーランドは特許を幾つか持っているらしい。どんなものか。
23. 銀河英雄伝説の商標はどこか持っているのか。また、過去にトラブルがあったらしいがどんな経緯か。
24. 紀国屋文左衛門の画像を見たい。画像の典拠元も見たい。
25. 方向音痴を研究している研究者を知りたい。研究領域、現在の研究課題なども知りたい。
26. 八十二銀行はどのような経緯をたどって、現在に至ったのか。

27. 日立造船の有価証券報告書が読みたい。できれば最新分のものを。
28. 熊本県熊本市で出土した土偶を見たい。データベースで検索できるか。
29. 明治時代に出版されたフランス語の桃太郎を読みたい。
30. 百鬼夜行絵巻をインターネット上で見たい。できる限り異版も見たい。
31. 江戸時代に作られた石造の建築物の存在を確認したい。日本建築学会が把握している限りで何件あるのか？
32. 借金を整理したい。マンガとか何かわかりやすい本はないか。近くの司法書士とか相談窓口も知りたい。
33. 教育訓練給付制度を使って、司書資格取得を目指したい。通信講座で取れるところはないか。
34. アンテベート軟膏を使用した時の重大な副作用を知りたい。
35. 東京から岩手県紫波町へ行くバス路線を知りたい。時刻表と途中の停留所も併せて知りたい。

② 冊子体情報資源を使った演習

本書5章から12章で紹介した情報資源などを活用して、以下のレファレンス質問に回答しなさい。
1. 光岡明が執筆した図書、雑誌記事、新聞記事を知りたい。
2. オペラについて調べるための辞書には、どんなものがあるか。
3. 蘇味道（ソ・ミドウ）という中国の詩人の詩は翻訳されているか。収められた全集か何かあれば知りたい。
4. 金多楼遊楽という本を見たい。書誌事項を知りたい。またどこの図書館が所蔵しているか。
5. 「作文と教育」という雑誌に広告を掲載したい。発行部数と広告費を知りたい。
6. West Virginia school journal という教育関係の雑誌について、その継続前誌を知りたい。

7. 肥筑鉄道の設立認可について、当時の記事を読みたい。いつ、どの新聞に掲載されたのか。
8. 明治期に発行された新潮という雑誌に、●▲というペンネームの作品があるらしい。なんというタイトルか？
9. 「山」とはどのようなものを数えるときに使うのか。できる限り詳しく知りたい。
10. オッツーという若者語はどのような意味か。また、いつ頃から出てきたのか。類似の表現にどんなものがあるか。
11. パドック（paddock）のように、外来語単純名詞の発音は頭高になることが多い。外来語で平板なアクセントになる語はあるのか？
12. 「捨てる」という方言の分布を見たい。九州では主になんと表現するのか。
13. 自分が住んでいる地域で、気温の最高・最低記録を知りたい。
14. ドップラー効果をできる限りわかりやすく説明したい。何か資料はないか。
15. 世界各国のブロードバンド契約数について知りたい。
16. パキスタンは国連各機関を通してどれくらいの社会経済援助を受けているのかを知りたい。
17. ロシア連邦の国語は何語か。憲法でどう定められているか。また、連邦を構成する共和国では国語を別に決めて良いのか？
18. DNA鑑定などにより親子関係が存在しない確認の訴えについて、最高裁第一小法廷で平成26年7月に言い渡された判決文を読みたい。
19. 知的財産に関する法規集は出版されているか。
20. 弁理士をできる限り使わずに、特許の申請をしてみたい。手続きなどをわかりやすくまとめた本はないか。
21. 特許情報の調査について勉強している。検索のコツなど何か役立つ本はないか。
22. 八百比丘尼はどのような人物で、どこに住んだのか。住んだ場所は地名

の謂れとなっているのか。
23. 『不思議の国のアリス』に出てくる狂った帽子屋はどんな性格の登場人物か？また、背景には職業的な理由があるらしいが、どんな理由か？
24. 栗田工業はもともと何を販売するための会社だったのか？　また1951（昭和26）年に研究所を設立したらしいが、場所はどこか？
25. ハウスオブローゼの役員構成を知りたい。また、各役員の持ち株数も知りたい。
26. 国内で活動している茶道の関連団体を知りたい。
27. 中国にあった中央大学はどのような学部構成だったのか。歴史的経緯と合わせて知りたい。
28. 『琉球血涙新書』とは誰が書いたのか。また、どんな内容なのか。歴史的な動きと関係があるのか。
29. 早池峰神楽とはどのような祭か。どのような信仰と関係しているのか。
30. アスピーデとはどのような地形か。日本にはその地形を見られる場所はあるのか？
31. アメリカの住宅について主な建材、構法について知りたい。また、住宅スタイルはどう変化したのか。
32. 健康食品と病院でもらった薬の飲み合わせについて知りたい。
33. 交通事故で示談がうまくいかなくて、個人訴訟になりそう。何か役立ちそうな本はないか。
34. 障害年金を受けたい。できる限り新しい内容や手続きの方法について知りたい。
35. 青春18きっぷ1日分を使って、品川から中国地方、九州まで旅をしたい。どこまで行けるか。

3　ネットワーク情報資源と冊子体情報資源を使った演習問題

本書5章から12章で紹介した情報資源などを活用して、以下のレファレンス

質問に回答しなさい。

1. サラ・ベルナールに関する書誌を探している。古書でもいいので、ぜひ入手したい。
2. フィリピンの教育史に関する書誌を探している。2014年に発表されたらしい。自館にない場合は近くの図書館で閲覧したい。
3. ペット産業についての資料は何かあるか。できれば業界誌が読みたい。言語は問わない。
4. 読売新聞に掲載された「カムリ」という車の広告が見たい。できれば鮮明なもので。確か「国有地に無断タウン」という記事が同日掲載されていた記憶がある。
5. 『儀礼の象徴性』という著作について書評を読みたい。
6. 「太刀魚が・・・」という韓国のことわざの意味を探している。また、日本の類句を知りたい。
7. 「忍冬」とは何と読むのか。また写真を見ることはできるか。
8. 信州の方言で「ずく」とはどんな意味か。できる限り詳しく知りたいので、信州弁の辞典でも引いてみたい。
9. 「寒大拉」と綴って、中国語でなんという動物を指すのか知りたい。またその動物の写真も見たい。
10. 昨年度1年間分のコンタクトレンズの生産、輸出入の数量金額を知りたい。また、メーカーシェアを知りたい。
11. 消火器の生産数量は？直近1か月分でも年間でも良い。
12. 先月分の軽自動車の販売台数を知りたい。中古車、新車両方とも。
13. 高知県の核家族数を知りたい。
14. 図書館法とその関連規則、関連省令を知りたい。できれば、過去の規則、省令の内容も知りたい。
15. 弁理士を探している。地元で開業している事務所はないか。
16. UDONという商標がアメリカでは使えるのか？いつ登録されたのか？スペインでの問題があったらしい。その後を検証した本か記事はないか。

17. アメリカの知的財産関係の判例紹介の日本語記事を探している。商標権に関するもので、最新のものはないか。
18. 明治期に記された特許法に関する大学の講義録を探している。現在でも見られるか。
19. 味の素物流という会社について、事業内容、従業員数、上場の予定、組織図などについて知りたい。
20. 「骨皮」という姓はなんと読むのか。またこの姓の人物で著作を残したものはいるのか。
21. プレナスという会社の社名の変遷を知りたい。なお、会社の吸収合併、子会社設立の動きも知りたい。
22. 平成18年に亡くなった中村初雄という人物の経歴と著作を知りたい。
23. 津屋崎人形とはいつ頃出てきたものなのか。また、今でも作られているのか？
24. 「鑰小野」とは何と読む地名か。また、現在はどこに存在する地名か。
25. インドネシアのサヌールという地域について知りたい。また、現在の街並みも見たい。
26. オロチョンの火祭とはどんな祭りか。今でも行われているなら是非とも見たい。
27. 家族で話し合って我が家の防災マニュアルと防災グッズセットを作りたい。何か良い本やサイトを紹介してほしい。
28. 民事交通訴訟での過失相殺の割合について、基準はないか。雑誌の特集で見かけたような記憶がある。
29. ガラス戸を割ってしまった。至急自宅まで来てくれるガラス屋さんを探している。
30. 「コウボク」とはどんな生薬か。またどんな植物から採れるのか。植物の写真か絵を見たい。

第Ⅱ部　情報サービスの実践

■□コラム□■

妥当な情報（情報資源）が見つからない時は・・・

　レファレンス質問に回答するために、ネットワーク情報資源も冊子体情報資源もいろいろと探してみたけれど、見つからないことがある。もちろん情報自体が存在していないため、見つからない場合もあるが、うまく情報にアプローチできていないだけのこともありうる。

　ここでは、情報が見つからない場合に、別のアプローチをするためのヒントを紹介していく。

- **勘違い、思い違いをしていないかをもう一度よく確認しよう。**
  - ⇒表記や読み方、似た漢字の勘違い、使用されているローマ字表記（ヘボン式、訓令式、99式など）が異なっていないかを確認する。
  - ⇒姓と名の取り違え、姓と名が一体の人物名の一部で調べてしまう、本名と別名の混同などがないかを確認する。
- **調べようとする対象（内容・主題・テーマ）をもう一度確認しよう。**
  - ⇒質問が漠然としているのであれば、どのような視点から知りたいのかを明確にする。
  - ⇒対象の範囲を広げたり、絞ったり、別の視点（観点）から調べられないか確認する。
- **当該分野の前提知識（表記で省略される部分）がないか確認しよう。**
  - ⇒当該分野で使われる専門用語と使用法、概念ではないのかを確認する。
- **ツールの活用方法は適切であったかをもう一度よく確認しよう。**
  - ⇒編集方針で、収録範囲を確認し、対象分野が範囲になっているのかを確認する。
  - ⇒凡例で使い方が間違っていないのかをもう一度よく確認する。
- **有用なツールを見落としていないのかをもう一度よく確認しよう。**
  - ⇒ツールに別の版（新しいもの、古いもの）や別の出版社のものがないのか、別名で改訂されていないかなどをよく確認する。
  - ⇒レファレンスツールにない場合、索引のある一般図書に情報がないのかをよく確認する。

　ここで紹介したヒントは、一例である。他の図書館員（人）に確認するとさらなる示唆を与えてくれるかもしれない。しかしながら、一番大事なのはあきらめないこと

である。情報が見つからないとあきらめてしまうこともあるが、根気よく、粘り強く、探し続けているともしかすると・・・何かひらめきがあるかもしれない。

(田嶋知宏)

第14章　発信型情報サービスの実際

① 発信型情報サービス

　発信型情報サービスは、図書館が利用者に合わせて情報を選択・加工して提供することで、利用者による図書館情報資源の活用を促進し、新たな知識創造につなげていく活動である。歴史的にみれば、図書館が取り組んできた情報サービスのなかで、レファレンスサービスのような従来の方法で対応できない場面で考え出された新たな情報サービスの方法である。したがって、他の図書館が実施しているから取り入れるというような、単に方法を真似るだけではまったく意味がない。現在の情報サービスの課題を洗い出し、その解決に向けて最適の方法を選択すべきである。言うまでもないが、以下で紹介する以外の新たな方法が最適である可能性もある。その可能性を図書館員は模索し続けていくことが重要である。

② 図書館のパスファインダー

2.1　図書館のパスファインダーとは

　図書館が提供するパスファインダー（pathfinder）とは、ある図書館の情報資源を活用し、特定の主題（テーマ）や学問分野に関する情報を初心者でも効率的に探すことができるように、情資資源や探索手順をまとめたものである（図14.1参照）。その形態は、A4判1枚やA3判を二つ折りにした印刷物もしくは、図書館のWebサイトのコンテンツのひとつとして提供される電子パスファインダーの2つがある。

第14章　発信型情報サービスの実際

パスファインダーに関するパスファインダー

パスファインダーは、情報をさがす道しるべとなるものです。ここでは、パスファインダーを理解したり、作成したりするための情報の探し方を紹介します。

○手がかりとなるキーワードの一例（キーワードを使い、検索を行ってみましょう）

パスファインダー	情報収集	情報検索	調べ方案内
Pathfinder	主題別文献案内	テーマ別文献案内	主題別情報収集

○図書館にある図書を探す手がかりに
＊背ラベルに書かれる分類記号と呼ばれる数字ですので、背ラベルの記号を手がかりに探すことができます

| 010.3（図書館に関する参考図書） | 015.2（公共図書館の情報提供サービス） | 017（学校図書館利用指導） |

○テーマをおおまかに理解する参考図書（他にも図書館に関する参考図書をOPACで検索してみましょう）

書名（著者）	所在記号
図書館情報学用語辞典:4版（日本図書館情報学会用語辞典編集委員会編）	010.33/N77
図書館ハンドブック:第6版補訂版（図書館ハンドブック編集委員会編）	010.36/To72

○テーマに関する図書（他にも図書館のOPACで検索してみましょう）

書名（著者）	所在記号
パスファインダーを作ろう:情報を探す道しるべ（石狩管内高等学校図書館司書業務担当者研究会著）	017/I76
パスファインダー・LCSH・メタデータの理解と実践:図書館員のための主題検索ツール作成ガイド（鹿島みづき［ほか］著）	015.2/Ka76

○テーマに関する雑誌記事（他にも雑誌記事データベースで検索してみましょう）

「ごぞんじですか？（第90回）パスファインダー作成ツール、LibGuidesのご紹介」専門図書館263号（2014）p.38-42
「特集 広がりをみせるパスファインダー」図書館雑誌 Vol.106, No.4（2012）［雑誌の特集号］
小池 利栄子「パスファインダーの作成と活用への試み」看護と情報　17（2010）p.62-66
　＊上記のほか、パスファインダー作成の実践報告の雑誌記事もあります

○テーマに関する新聞記事（他にも図書館の新聞データベースで検索してみましょう）

| 「資料探しの手順、A4版の冊子に:仙台市図書館が配布」朝日新聞（2015627）宮城地方30面 |

○テーマに関するウェブサイト

サイト名	URL	内容
パスファインダーバンク	http://www.jaspul.org/pre/ekenkyu/kikaku/pfb/pfb_frameset.htm	私立大学のパスファインダーが登録。作成方法もあり。
公共図書館パスファインダーリンク集	http://rnavi.ndl.go.jp/research guide/pubpath.php	NDLリサーチ・ナビ内の都道府県等のパスファインダーリンク集

図14.1　パスファインダーの例「パスファインダーに関するパスファインダー」

2.2 パスファインダーの作成

パスファインダーを作成する流れは、以下の(0)から(7)である。作成する際には、初心者向けのものであることを意識し、簡潔かつ、平易になるよう心がけたい。

(0)パスファインダーを作成するための準備

パスファインダーの作成にあたっては、作成目的を明確にすることから始まる。また、パスファインダーの構成要素と提供方法の決定を行う。構成要素は、既存のパスファインダーを参考にしながら当該図書館のコレクション構成（図書、電子書籍、新聞、雑誌、辞典、雑誌記事、Webサイト、データベースなど）に照らして決定するとともに、収録する情報の基準も決めておく。提供方法については、印刷物として配布するのであれば、大きさを統一するために用紙の判型や様式を決める。図書館のWebサイトで提供する場合には、印刷版のデータをダウンロードして使えるよう提供するのか、Webページとして提供するのか（様式の決定も含む）を決める。

(1)主題（テーマ）の設定

作成する目的を踏まえて、利用者が関心をもつトピック（レファレンス記録に基づき、頻繁に寄せられる質問のテーマ）、地域資料の活用を支援するためのトピック、図書館の所蔵する資料の活用を新たな切り口で支援するためのトピックなどから、主題（テーマ）を具体的に設定する。

(2)主題（テーマ）に関するキーワードの収集

件名標目表、シソーラス、学術用語集、分類表などを参考にして、ある主題（テーマ）に関する情報を検索する際に用いるキーワードを同義語なども含めて網羅的に収集する。

(3)主題（テーマ）に関するキーワードの定義や意味を確認する情報資源の収集
　収集したキーワードを活用して、主題（テーマ）の定義や意味するための情報資源（辞典・事典・便覧など）を収集する。

(4)主題（テーマ）に関する情報資源の収集
　(0)で決定した構成要素に基づき、当該図書館で提供するコレクションの中から、主題（テーマ）に関する情報資源を要素別に収集する。

(5)主題（テーマ）に関する情報の取捨選択
　(0)で決定した収録する情報の基準に基づき、パスファインダーに掲載する情報としてふさわしいかを検討し、取捨選択を行う。

(6)パスファインダーの様式に整え、提供する
　(0)で決定した様式に従って、選択した情報を記述する。内容の確認を行ったうえで、印刷もしくはWebサイトへアップロードを行い、利用者への提供を開始する。

(7)情報の更新
　作成したパスファインダーに掲載された情報の内容に変更が生じることを念頭に、随時更新するか、定期的な更新を行う。

◆演習問題14-1　主題（テーマ）を設定して、A4判1枚でパスファインダーを作成しなさい。

3　インフォメーションファイル

　インフォメーションファイルとは、単体でレファレンス情報資源とみなされにくいリーフレットやパンフレットのような非図書形態の情報資源を、レファ

レンスツールとしても利用できるように図書館が整理したファイルである。リーフレットやパンフレットといったインフォメーションファイルの素材は、情報の鮮度が比較的短期であることが多い。

なお、インフォメーションファイルとして組織化した情報資源のうち、地域に関するものについては、鮮度がなくなり不要となったら、主題別・年月順に蓄積していくことで、自館作成の地域資料とすることも可能である。作成の大まかな流れは、次の通りである。

(0)インフォメーションファイル作成の準備
　サービス上の位置づけ目的などを決める。

(1)主題（テーマ）の設定

(2)インフォメーションファイルを補足する情報資源の紹介
　主題（テーマ）に関するレファレンス情報資源の紹介（解題）を簡潔かつ、平易にまとめる。パスファインダーで代用することも可。

(3)インフォメーションファイルの素材の収集と選択
　インフォメーションファイルに使用する素材を図書館に送付されてきたチラシ、リーフレット、パンフレットから選択する。また、必要に応じて図書館より送付依頼したものも含める。

(4)インフォメーションファイルの編成
　レファレンス情報資源の紹介と素材をインフォメーションファイルとして編成する。

(5)インフォメーションファイルの更新
　インフォメーションファイルに含まれる素材の追加年月日、情報の有効期限

を管理し、随時更新していくことが望ましい。しかし、煩雑となる場合には、定期的に更新することも選択肢である。

◆演習問題14-2　主題（テーマ）を設定して、その主題に合致する無料のチラシ、パンフレット、リーフレットを収集し、インフォメーションファイルを作成しなさい。

4　FAQの作成

　FAQとは、Frequently Asked Questionsの頭文字からとった略語で、よくある質問とそれに対する回答をまとめた問答集である（図14.2参照）。図書館に寄せられるレファレンス質問のなかで、図書館の利用に関する質問（利用登録、貸出・返却、資料の紛失・破損、開館時間・休館日、所在地・交通手段など）、館内設備に関する質問（閲覧席・学習室、パソコン利用、車いすなど）、資料の利用に関する質問（資料の探し方、リクエストなど）のような案内質問に対して、FAQ形式で提供することができる。印刷版として提供することもできるが、Webサイトに掲載しておくと利便性が高い。

　FAQの作成は、図書館で利用者からの問い合わせの多い内容や簡単な質問の記録に基づき、質問と回答（Q&A）形式にまとめて、印刷媒体もしくは図書館Webサイト内の利用案内の一部に盛り込むことで出来上がる。完成後のFAQの項目や内容は、図書館サービスの変更を反映して随時見直すことが必要である。

◆演習問題14-3　公共図書館のWebサイトで公開されているFAQを2つ以上探し、それぞれの図書館名、FAQの項目、質問と回答の内容を比較し、内容の類似点、相違点をまとめなさい。

第Ⅱ部　情報サービスの実践

図書館に寄せられるよくある質問

Q. 図書館で借りた本が返却期限までに読み終えることができそうもないのですが。

A. 予約が入っていなければ、1回だけ延長して借りることができます。返却期限前に、図書館のカウンターまで資料をお持ちいただき手続きしてください。また、利用登録をしていれば、インターネットからでも期限延長の手続きができます。手続きをした日より15日後が新たな返却期限となります。

図14.2　FAQ の例「図書館に寄せられるよくある質問」

5　リンク集の作成

　リンク集とは、図書館の Web サイトに情報探索に有用な情報資源名を提示し、情報資源への Web リンクをはったものである。自治体や隣接自治体の図書館、保健所、ハローワークのような地域の公共施設のみのリンク集、内容別に整理されたリンク集、対象者別（高齢者や子ども、ヤングアダルトなど）のリンク集などがある。作成の大まかな流れは、次の通りである。

(0)リンク集作成の準備：サービス上の位置づけ目的などを決める。
(1)主題（テーマ）の設定もしくは、対象者の設定をおこなう。
(2)設定した主題（テーマ）や対象者に関する Web サイトの情報収集をおこなう。
(3)収集した Web サイトの運営者（管理者）へリンクをはることの許諾（確認）をとる。
(4)許諾（確認）のとれた Web サイトの情報を主題（テーマ）で内容別に小見出しを付けるなどの整理をして、図書館の Web サイト上で公開する。
(5)公開した Web サイトのリンク切れ（公開終了や URL 変更）がないかを定期的に確認し、修正を加える。また、新たに対象となる Web サイトを追加していく。

◆演習問題14-4　子ども向けもしくは、高齢者のどちらかを選択し、対象者に有用な情報を掲載しているWebサイトを探し、リンク集を作成しなさい。

6　クリッピング資料の作成と提供

6.1　クリッピング資料

　クリッピング資料とは、ある主題（テーマ）に関する記事について、複数の新聞（場合によっては雑誌も）原紙の該当箇所をそのまま切り抜いてスクラップ帳や台紙に貼り付けてファイリングしたものである。スクラップ帳に貼り付ける形式でクリッピング資料を構築する例として名古屋市立鶴舞中央図書館（愛知県）があり、台紙に貼り付けてファイリングする例として、八戸市立図書館（青森県）などがある。

　クリッピング資料は、一度開始したら、継続的に作成し続けなければ、情報資源としての価値がなくなってしまうことに留意しなければならない。作成の大まかな流れは、次の通りである。

(0)主題（テーマ）を設定する。
　テーマは、**継続的な**テーマ以外に、期間が限定された国体や催事などに合わせて設定する**期限付き**テーマを設けることも可能である。

(1)クリッピング対象とする新聞（雑誌）を決定する。通常は、複数紙を選ぶ。

(2)主題（テーマ）に合致する記事を発行日毎に切り抜き、スクラップ帳や台紙に貼り付ける。その際に、紙名（誌名）、年月日、掲載面の情報を付加する。1週間分や1月分まとめて切り抜くことも可能だが、作業量が多くなってしまうことに留意する。

(3)スクラップ帳やファイルを書架に配架し、利用できるようにする。

6.2 記事見出しリスト

　新聞（雑誌）の原紙をそのまま保存するため、切抜きができないといった何らかの要因で、クリッピングできない場合がある。そのような図書館のなかには、テーマ（主題）に合致する記事を切り抜くのではなく、記事の見出し情報をリスト化して提供しているところもある（表14.1参照）。利用者は、そのリストを基に、新聞の原紙や縮刷版、新聞データベースで記事を参照することができる。

表14.1　「茨城県の図書館」を主題とする記事見出しリストの項目例

年月日	記事見出し	新聞名 （朝・夕刊）	面
2016/2/2	常総の仮設図書館、来月から　本館、10月にも再開　鬼怒川決壊／茨城県	朝日新聞（朝）	21
2016/2/5	常陸太田の「図書館友の会」　朗読の楽しさ伝え10年	茨城新聞（朝）	17

◆演習問題14-5　主題（テーマ）を設定して、1週間分もしくは1か月分の記事見出しリストを作成しなさい。

7　図書リストの作成と提供

　図書リストの提供は、読者相談サービスの一部として把握されることもある。読者相談サービスは図書館が行う系統的な読書指導により、利用者が読書の方法を会得し、それによって読書能力を身につけ、豊富な読書経験ができるようにするものである。本来は、図書館員が面談をしながら、助言を行っていくことになる。しかし、図書館側のサービス体制の確立や維持が煩雑になりがちである。そのため、簡易的な方法として、内容別、対象者別の図書リスト（図14.3参照）を作成し、利用者へ提供する方法が広く採用されている。利用者は、自らの関心に合わせて選択した図書リストを参考に読書を進めていくことができるようになっている。作成の大まかな流れは、次の通りである。

第14章 発信型情報サービスの実際

中国の古典『韓非子』を知るためのブックリスト

　古代中国の戦国時代に生きた思想家である韓非の著書『韓非子』は，法によって国を治め，術によって人心を従わせる法家という学派の集大成とされています。さまざまな訳注本，解説者だけではなく，経営やマネジメントに応用したかたちで取り上げる図書もあります。手にとって読み比べてみてはいかがでしょうか。

難易度	書名（シリーズ名）	著者	出版社	所在記号
☆	マンガ孫子・韓非子の思想（講談社＋α文庫）	蔡志忠、和田武司	講談社	399.2/Sa17
☆	「韓非子」を見よ！（知的生きかた文庫）	守屋洋	三笠書房	124.57/Ka43
☆	超訳 韓非子 善をなすために，悪を知る（知的生きかた文庫）	中島孝志	三笠書房	124.57/Ka43
☆	非情のススメ：超訳韓非子	永井義男編訳	辰巳出版	124.57/Ka43
☆	韓非子に学ぶ：ホンネで生きる知恵（じっぴコンパクト新書）	童門冬二	実業之日本社	124.57/D85
☆	ヘタなリーダー論より「韓非子」の教え	岡本光生	河出書房新社	124.57/O42
☆	30歳から読む韓非子 思いどおりに人を動かす権謀術数のすべて	中島孝志	マガジンハウス	124.57/N34
☆	人を動かす「7つの術」：松下幸之助と韓非子の教え	林英臣	太陽企画出版	336.49/H48
☆	右手に「論語」左手に「韓非子」（角川SSC新書）	守屋洋	KADOKAWA	123.83/Mo72
☆	韓非子：新訳：騙し合いの社会を勝ち抜くための百言百話	西野広祥編訳	PHP研究所	124.57/Ka43
☆☆	韓非子：強者の人間学	守屋洋	PHP研究所	124.57/Ka43
☆☆	韓非子を読む	千田九一	勁草書房	124.57/Ka43
☆☆	韓非子 上下巻（文春文庫）	安能務	文藝春秋	124.57/Ka43
☆☆	韓非子（角川ソフィア文庫）	西川靖二	角川書店	124.57/Ka43
☆☆	韓非子：不信と打算の現実主義（中公新書）	冨谷至	中央公論新社	124.57/To59
☆☆	「韓非子」の知恵（講談社現代新書）	狩野直禎	講談社	124.57/Ka43
☆☆	韓非子（中国の思想，1）	新野広祥，市川宏訳	徳間書店	122.08/C62
☆☆	韓非子（講談社学術文庫）	貝塚茂樹	講談社	124.57/Ka43
☆☆☆	韓非子 全四冊（岩波文庫）	金谷治訳注	岩波書店	124.57/Ka43
☆☆☆	韓非子 上下巻（ちくま学芸文庫）	本田済訳注	筑摩書房	124.57/Ka43
☆☆☆	韓非子 上下巻（中公文庫）	町田三郎訳注	中央公論	124.57/Ka43
☆☆☆	韓非子（新書漢文大系，13）	竹内照夫訳 篠田幸夫編	明治書院	124.57/Ka43
☆☆☆	韓非子校注（3巻）	依田利用	汲古書院	124.57/Ka43
☆☆☆	韓非子翼毳	太田方注 服部宇之吉校訂	冨山房	124.57/Ka43

難易度の目安：〈易しい〉 ☆⇔☆☆⇔☆☆☆ 〈難しい〉

図14.3　図書リストの例「中国の古典『韓非子』を知るためのブックリスト」

221

第Ⅱ部　情報サービスの実践

(0)図書リスト作成の準備：サービス上の位置づけ、利用者のニーズの確認を行う。
(1)対象者及び主題（テーマ）を設定する。
(2)図書館コレクションの中から、対象者及び主題（テーマ）に合致した図書を抽出する。
(3)抽出した図書の書誌情報、所在情報をリストにし、印刷物もしくはWebサイトで提供する。なお、難易度や児童の年齢の目安を付しても良い。

◆演習問題14-6　身近な公共図書館で図書リストを提供しているか確認しなさい。提供されている場合には、どのような対象者にどのような主題の図書リストを提供しているのかを一覧にまとめなさい。

◆演習問題14-7　対象者・主題（テーマ）を設定して、Ａ４判１枚で図書リストを作成しなさい。

8　カレントアウェアネスサービス

図書館で行われるカレントアウェアネスサービスには、いくつかの方法がある。本節では、コンテンツシートサービス（目次サービス）と選択的情報提供（SDI：Selective Dissemination of Information）サービスの２つの方法を取り上げる。

8.1　コンテンツシートサービス（目次サービス）

コンテンツシートサービスとは、特定の分野の雑誌の最新号の目次や新着図書の書誌情報（所在情報も含む）を定期的に利用者へ提供するサービスのことである。提供方法には、目次を複写し利用者に提供することと、電子メールなどで定期的に提供する方法がある。

(0)目次を複写して提供するか、電子メールで提供するのか―実施方法を検討する。
(1)雑誌を対象とする場合は、提供分野を決定し、購読雑誌を分野ごとに整理する。新着図書の場合には、NDC などを参考にどの分野で情報提供するのかを決める。
(2)目次を複写して提供する際、提供方法や費用負担が課題になる場合、分野ごとにファイリングして館内閲覧できるようにする方法を採用する。
電子的に提供する場合には、RSS を活用して、図書館 Web サイトから確認できるようにする。
(3)雑誌の購読中止・新規購読などに対応して、適宜対象雑誌を変更する。

8.2　選択的情報提供 (SDI) サービス

選択的情報提供サービスとは、具体的に特定化された情報要求に合致した情報検索を定期的に行い、その検索結果となる書誌情報を提供するサービスである。図書館情報システムの機能の一つとして盛り込まれている（もしくはオプションとして盛り込んだ）場合には、サービス開始にあたり大きな準備の必要はない。

9　課題解決支援コーナーの設置

公共図書館のなかには、地域の人びとの生活上もしくは、仕事上生じる特定の主題（テーマ）に関する課題（表14.2参照）の解決に有用な情報資源をまとめてコーナーを設置し、提供する取り組みを行うところがある。

10　外部の専門家（専門機関）との連携

図書館では、外部の専門家団体や専門機関と連携し、図書館内で、相談の場を提供することがある。そのような場に専門分野に関連する資料を展示したり、

第Ⅱ部　情報サービスの実践

表14.2　課題解決支援コーナーの主題（テーマ）例

ビジネス情報
法律情報
農業情報
健康・医療情報
子育て情報
行政支援

資料リストを配布したりすることで、利用者の情報収集を支援することができる。また、乳幼児向けのブックスタートにみられるような保健所などでの検診時に図書館が出張して、子ども向けの図書や子育てに関する資料を展示、資料リスト、図書館の利用案内を行うこともみられる。

◆演習問題14-8　公共図書館が、どのような属性や要望をもつ対象者に、どのような外部の専門家（専門機関）と連携して情報サービスに取り組むことができるだろうか。公共図書館の利用対象者の属性や情報ニーズを細かく捉えて、連携できそうな図書館外部の専門家（専門機関）を調べてまとめなさい。

第14章　発信型情報サービスの実際

■□コラム□■

100年前のレファレンスサービスの授業に学ぶ

　現在、情報サービスと呼ばれているサービスの中核は、レファレンスサービスである。1880年代アメリカ合衆国で図書館員養成が始まるとともに、レファレンスサービス（当時はレファレンスワークと呼ばれていた）を図書館員が担うためのスキルを磨くための科目として設けた。ここでは、1890年代当時の図書館学校の学生が取り組んだレファレンス質問のなかで、ニューヨーク州のレファレンス図書館員 D.V.R. ジョンストンが作成し、ニューヨーク州立図書館学校の授業で使われた教材のひとつである「レファレンス質問 no. 5」を見ていく。

レファレンス質問　no. 5

1．ジョン・ピーター・ゼンガー（John Peter Zenger）の裁判記録を見ることはできるのか。
2．コグナウォガ（Caughnawaga）は、ニューヨーク州のどこにあったのか。
3．オルロフのダイヤモンドとは何か。
4．グレゴリオ暦のカレンダーとは何か。
5．「羅針盤」の使い方を調べることができるか。

(原本所蔵：New York State Library School Records1887-1967; Box7; Rare Book and Manuscript Library, Columbia University Library.)

　情報の所在、地名、事物の説明などを問う質問を見ればわかるが、現在でも探索スキルを高めるためにそのまま使えそうなものばかりである。つまり、時代は変わっても、図書館員が情報と利用者の仲介役となるためのスキルは変わりないのである。ぜひ、100年以上前の学生が学んだレファレンス質問にも挑戦していただきたい。

(中山愛理)

第Ⅲ部　情報サービスの完結

第15章　情報サービスの回答と評価

1　図書館における情報サービスの必要性

　近年、社会におけるインターネット普及が進み、様々な情報資源が冊子体の情報から電子的なネットワーク情報源へと移行している。また、そのような社会変化を受け、学校教育において情報リテラシー教育という形で様々な情報メディアの利用指導が促進されていることなどから、情報探索能力を身につけた図書館の利用者が増えている。

　このような社会環境の中で図書館の利用者にも、コンピュータを利用するかスマートフォンなどの携帯端末を利用するかなど、世代間で差違はあるが、大なり小なり疑問を抱くと、即座にGoogleなどの検索エンジンを利用して検索する行動の傾向が見受けられ、日常生活の一部として、「検索」という行為は習慣化されている。

　しかし、現状においても個々人が抱えている情報ニーズを電子的なネットワークで提供される情報資源のみで解決することは難しく、更には単なる「検索」から「探索」へと繋ぐことも不得手である場合も多い。また、デジタルデバイド（情報格差）が解消されておらず、情報探索行動にこれらの情報機器類をうまく使用できない利用者も多く存在する。

　元来より図書館では利用者が必要とする情報、情報資源を自分で探すことができるセルフレファレンス（利用者自身がレファレンスツールを用いて情報探索をおこなうこと）の支援と共に、個人の探索能力を超えた情報ニーズに対して、図書館側が回答や情報を提供する情報サービスをおこなってきた。

　これら利用者支援を目的とする情報サービスは、情報機器が発達し情報検索

が一般化した現代においても、これまでと同様に図書館が保有する情報資源を活用して利用者の情報探索行動の補完をおこなっていく必要ある。

そのため、本章では、これまで学んできた情報資源の探索スキルをいかにして、情報サービスへと結びつけていくか、図書館における情報サービスをどのように評価すべきであるのかについて学んでいく。

2 レファレンス記録

2.1 レファレンス記録の必要性

レファレンス質問のうち、情報や情報源を提示する探索質問、調査質問では、複数の典拠となる情報資源を提示する必要がある。図書館には実に様々なレファレンス質問が日々寄せられており、それらレファレンス質問の内容がまったく同一であるということはほぼないが、分野やテーマにおいては調査過程において共通するプロセスを経ることが多い。このため各図書館では、受け付けたレファレンス質問に対して、レファレンス記録を作成し蓄積することで、レファレンスサービスに応対をした図書館員の個人的な経験を図書館全体の経験、財産として共有する工夫がなされている。

また、これらを活用することで、以後、類似のレファレンス質問を受けた際に参考とすることができ、回答時間を短縮することができるなど、サービスの向上にも繋がってくる。

このような図書館におけるレファレンス記録の必要性として斉藤、藤村は以下のようにまとめている。

1）個人の調査体験（探索戦略、調査プロセス、使用参考図書など）が、スタッフ全員の共通認識の材料となる。その結果、利用者の質問を図書館という組織で受け止めることになる。

2）利用者への追加情報が可能となる（別のレファレンス調査時に、偶然にスーパー回答をすることはよくある）。

3）以後の類似の質問にすばやく対応できる。
　4）調査終了後に他のスタッフのアドバイスや協力を得る場合、質問内容、調査プロセス、判明事項、典拠資料などが正確に伝達できる。

さらにレファレンス記録が蓄積されることで、レファレンスツールの過不足の把握、レファレンス事例集やパスファインダーといった形で活用することで、利用者のセルフレファレンスを支援することにも繋がるとしている[1]。
　また、大串、田中はレファレンスサービスを継続して安定化するためにはルール化が必要であるとし、ルール化の効果を以下のようにまとめている[2]。

①サービス内容を一層明確にすることによって、担当者が仕事の内容をよりよく理解することができるようになる。
②サービスの過程と水準を明確にすることができ、それを維持することが容易になる。
③住民・利用者及び市役所の職員、議員、新聞記者などからサービス内容・基準について説明を求められたとき、説明の根拠とすることができる。

このようにレファレンス記録を残すことで、サービスの質の保証、および対外的な情報として、数量的な観点以外の評価を受けるための手段ともなる。

2.2　レファレンス記録の体系化

レファレンスサービスを向上させるためには経験の蓄積が必要であるとされている。この場合の経験とは、レファレンスサービスを担当する図書館員の個人的な探索スキルのみならず、どのような回答を出せたかという図書館全体と

---

1) 斉藤文男, 藤村せつ子『実践型レファレンス・サービス入門』補訂版（JLA図書館実践シリーズ；1）日本図書館協会, 2014, p.54-55.
2) 大串夏身, 田中均『インターネット時代のレファレンス：実践・サービスの基本から展開まで』日外アソシエーツ, 2010, p.103.

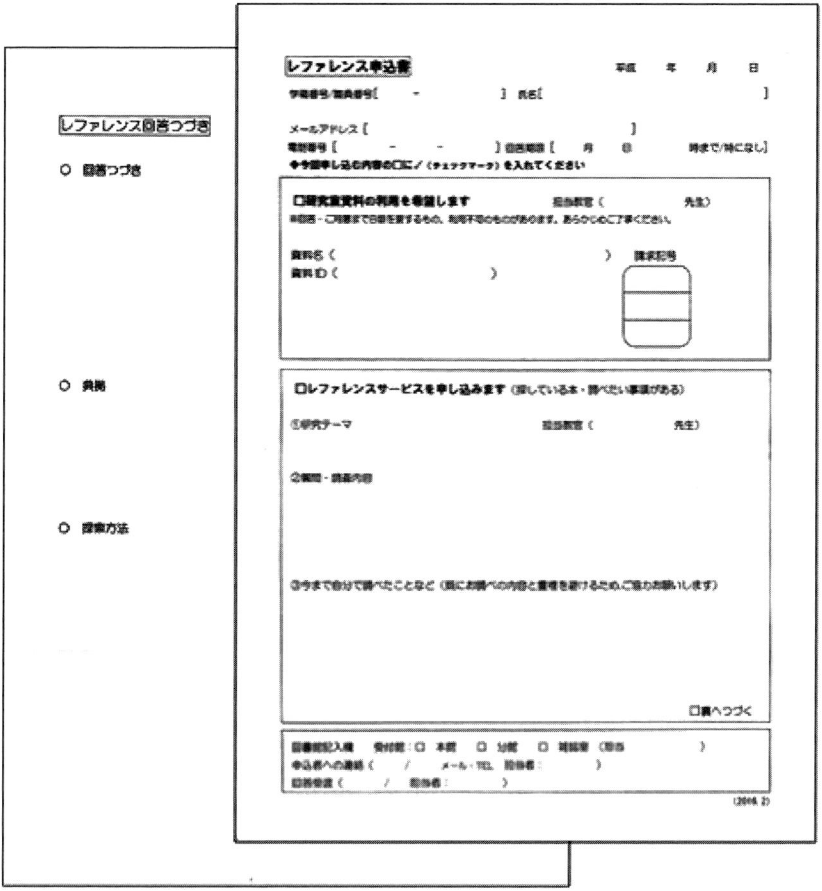

図15.1　レファレンス処理票の例
（出典）京都女子大学図書館提供。

しての経験をも指している。

　レファレンス記録は単に内部情報として蓄積するだけでなく、レファレンス事例集・データベースとして検索性を持たせ、体系化していくことで自館の蔵書構成・能力に併せたレファレンスサービスの最適化のためのツールとして育てていくことが可能となる。

　レファレンス質問を体系化し、図書館の財産として活かすためには、あらか

じめレファレンス記録を管理するための共通フォーマットを作成しておき、記録情報の組織化を図ることが重要となる。

一般的にレファレンス記録のフォーマットとして、以下の2つが用いられている（図15.1参照）。

(1)レファレンス処理票

利用者のレファレンス質問を受けた後、その回答および典拠となる情報、情報資源を提供するまでのプロセスを図書館員が記録したもの（第3章参照）。

(2)レファレンス記録票

各図書館員が作成したレファレンス処理票をもとに、図書館の記録として蓄積し類似の質問へ備えたり、レファレンス事例として外部へ情報提供できるようにしたりと、レファレンス質問の結果を加工・編集したもの。

3 レファレンス協同データベース

3.1 レファレンス協同データベースの特徴

図書館界において全体的なレファレンスサービスの向上を図る目的で、国立国会図書館が主導するレファレンス協同データベース（図15.2参照）が構築され、提供されている。このサービスは全国の各図書館で作成されたレファレンス記録をもとに、データベースが作成されており、公共図書館をはじめとして、大学図書館、学校図書館、専門図書館など720館の各種図書館から集約した様々なレファレンス事例を検索することができる[3]。

このレファレンス協同データベースは4つのデータベースから構成され、各種情報が登録、提供されている（図15.3参照）。

---

3)この数値は平成28年度のものである。参加館数はサービス開始時（平成17年度）の390館から着実に増加している。http://crd.ndl.go.jp/jp/library/statistics.html#statistics （最終確認日2016年9月8日）

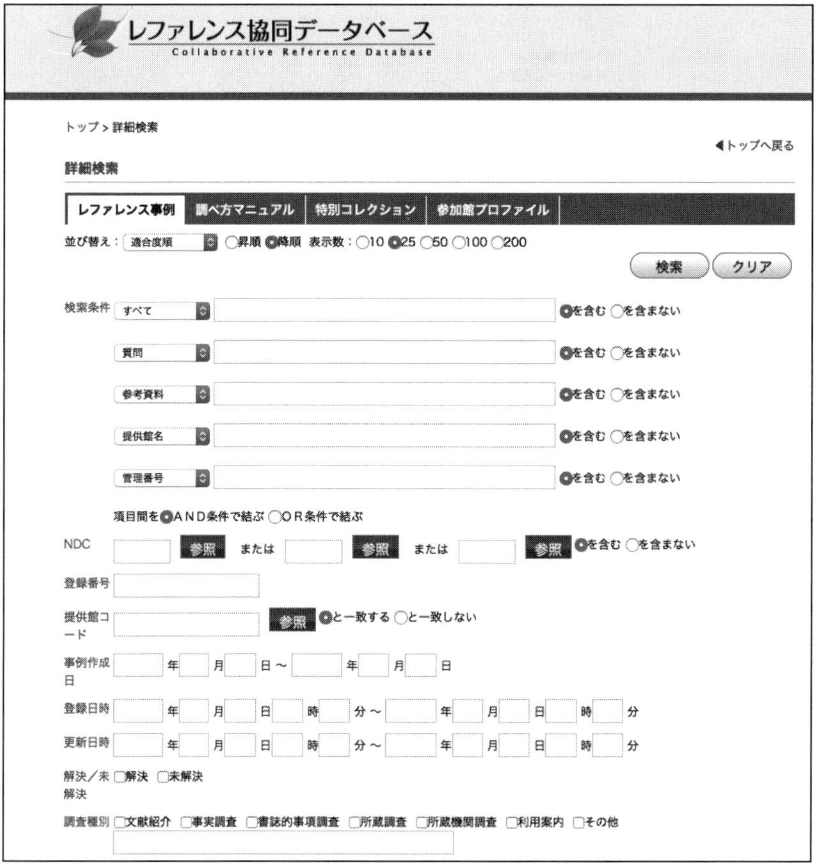

第15章　情報サービスの回答と評価

図15.2　レファレンス協同データベースレファレンス事例詳細検索
（出典）http://crd.ndl.go.jp/reference/modules/d3ndlcrdsearch/index.php?page=detail_ref（最終確認日2016年9月8日）

第Ⅲ部　情報サービスの完結

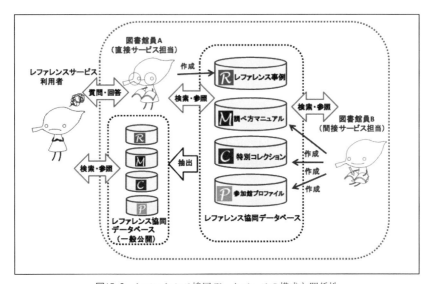

図15.3　レファレンス協同データベースの構成と関係性
(出典)『レファレンス協同データベース事業データ作成・公開に関するガイドライン』http://crd.ndl.go.jp/jp/library/documents/guideline_all_v1.3.pdf（最終確認日2016年9月8日）

(1)レファレンス事例

　参加館で作成されたレファレンスサービスの記録。主な記載内容として、提供館、事例作成日、質問、回答、回答プロセス、調査種別、質問者区分、解決／未解決からなる（図15.4参照）。

(2)調べ方マニュアル

　特定のテーマやトピックに関する情報源の調べ方をまとめているものである（図15.5）。個別の質問に対する回答ではなく、あくまでどのように調べたら良いかという観点から、事例が紹介されている。主な記載内容として提供館、調べ方作成日、調査テーマ、調べ方、NDC、キーワード、完成／未完成からなる。

第15章　情報サービスの回答と評価

トップ > レファレンス事例詳細						
レファレンス事例詳細(Detail of reference example)						◀トップへ戻る
[転記用URL] http://crd.ndl.go.jp/reference/detail?page=ref_view&id=1000023964						
提供館 (Library)	安田女子大学図書館 (3310035)			管理番号 (Control number)	安田-2005-R002	
事例作成日 (Creation date)	2005年09月27日	登録日時 (Registration date)	2005年09月27日 16時26分	更新日時 (Last update)	2005年09月27日 16時26分	
質問 (Question)	「賢治研究」8号に掲載されている花巻電鉄の時刻表について書かれた論題が知りたい。					
回答 (Answer)	論題：風と光-賢治生存時の時刻表					
回答プロセス (Answering process)						
事前調査事項 (Preliminary research)	『新宮澤賢治語彙辞典』（東京書籍，1997年）「電車」の項に「賢治研究」8号に時刻表が掲載されているとの記載があった。					
NDC						
参考資料 (Reference materials)	『近代雑誌目次文庫：国語・国文学編』6巻（ゆまに書房，1991年）					
キーワード (Keywords)	宮澤賢治					
	花巻電鉄					
	時刻表					
照会先 (Institution or person inquired for advice)						
寄与者 (Contributor)						
備考 (Notes)						
調査種別 (Type of search)	書誌的事項調査	内容種別 (Type of subject)		質問者区分 (Category of questioner)	学生	
登録番号 (Registration number)	1000023964	解決/未解決 (Resolved / Unresolved)	解決			

図15.4　レファレンス事例詳細
(出典) http://crd.ndl.go.jp/reference/modules/d3ndlcrdentry/index.php?page=ref_view&id=1000023964
(最終確認日2016年9月8日)

第Ⅲ部　情報サービスの完結

提供館 (Library)	日本能率協会総合研究所マーケティングデータバンク (4310002)		管理番号 (Control number)	日本能率協会-00034
調べ方作成日 (Creation date)	2004/01/01	登録日時 (Registration date)	2004年03月06日 20時03分	更新日時 (Last update)	2004年03月06日 20時03分
調査テーマ (Title of the search guide)	ベストセラー・ロングセラーの本は？			
調べ方 (Contents of the search guide)	「出版月報」には、月々の売れ行き良好書として、部数は公表されていないが、上位の書籍が文芸書、ビジネス書等の分野別に掲載されている。創刊誌、復刊誌、休刊誌の状況も把握できるようになっている。 「出版指標年報」には、同じく年間売れ行き良好書単行本ベスト30と戦後のベストセラーが年別に掲載されている。 トーハンと日本出版販売が流通量を元に、総合と文芸、ノンフィクション、ビジネス、ゲーム、ノベルス、全集、新書といった分類でベストセラーを発表している。 →出版月報 <MDB資料145M0002>　全国出版協会 出版科学研究所　月刊 →出版指標年報 <MDB資料1450.0009>　全国出版協会 出版科学研究所　年刊 →年間ベストセラー <MDB資料1450.0188>　日本出版販売　年刊 →年間ベストセラー <MDB資料1450.0189>　トーハン　年刊			
NDC				
参考資料 (Reference materials)	→出版月報 　　全国出版協会 出版科学研究所　月刊 →出版指標年報 　　全国出版協会 出版科学研究所　年刊 →年間ベストセラー 　　日本出版販売　年刊 →年間ベストセラー 　　トーハン　年刊 <MDB資料145M0002> (<MDB資料1450.0009> | <MDB資料1450.0188> | <MDB資料1450.0189>)			
キーワード (Keywords)				
備考 (Notes)				
登録番号 (Registration number)	2000000033	完成/未完成 (Complete / Incomplete)	完成	

図15.5　調べ方マニュアル詳細

（出典）http://crd.ndl.go.jp/reference/modules/d3nd/crdentry/index.php?page=man_view&id=2000000033
（最終確認日2016年9月8日）

第 15 章　情報サービスの回答と評価

(3)特別コレクション

　個人文庫、貴重書など特殊なコレクションに関する情報

(4)参加館プロファイル

　各参加館に関する情報

3.2　レファレンス協同データベースのデータ登録

　レファレンス協同データベースは図書館間の協同事業であるため、共通する情報登録用フォーマットに基づいたデータ作成が必須となる。このため、国立国会図書館では、データ作成を支援するために『レファレンス協同データベース事業データ作成・公開に関するガイドライン』を公開し、更にデータ作成お役立ちツールとして下記の2種類のツールを提供している。

(1)レファレンス記録票（紙）

　標準フォーマットに基づいたレファレンス記録用紙を MS EXCEL、PDF 形式で準備されており、ダウンロードして利用できる。

(2)入力用ワークシート

　標準フォーマットに準拠したデータ作成支援ツール。「レファレンス事例入力ワークシート（MS EXCEL）」および「同マニュアル（PDF）」、「調べ方マニュアル入力用ワークシート（MS EXCEL）」および「同マニュアル（PDF）」が提供されており、データは CSV としても作成が可能なため、自館のレファレンス記録の管理にも活用できる。

3.3　公開レベルの設定と点検

　各図書館が作成したレファレンス事例、調べ方マニュアル、特別コレクションのデータは、公開に際して、登録をおこなう図書館が公開する範囲を選択することができる。

公開範囲は下記の3つから選択する。
(1) 一般公開
　　制限をもうけずに公開する。
(2) 参加館公開
　　レファレンス協同データベースの参加館にのみ公開。
(3) 自館のみ参照
　　データ登録をおこなった図書館のみ参照可能。

一般公開や参加館公開などで公開される場合には、記載内容に特定の個人を対象とする情報を載せてはならず、登録データに下記の情報を含まないように公開前に点検がなされている。

(1) 個人情報などプライバシーに関する情報
　　プライバシーに配慮する必要があり、登録されるデータ中に個人名などの個人情報が記載されていないか。
(2) 質問者の特定化に関する情報
　　記載情報に質問内容、事前調査事項、質問者区分などにより、質問者が特定されてしまうような情報を含んでいないか。
(3) 公序良俗に反する表現など不適切な情報
　　記入情報として差別的な表現や、誹謗、中傷に該当する表現、わいせつな表現、他人に不愉快な念を抱かせるような表現がふくまれていないか。

これらの情報に関しては、各図書館においてレファレンス記録として残す場合も当然、留意すべき情報であり、レファレンス協同データベース用の登録データでは、公開してはならない情報として参加規定に定められている。

第 15 章　情報サービスの回答と評価

```
┌─────────────────────────────────────────────────────┐
│ ■データ作成　お役立ちツール                            │
│                                                     │
│ ・レファレンス記録票（紙）・入力用ワークシート（Excel）  │
│                                                     │
│ このコーナーでは、データの作成の助けとなるツールに関する  │
│ 情報を提供します。                                    │
│ レファレンス事例データの作成を支援する自作のアプリケーション│
│ や図書館システムの構築に関する情報などございましたら、    │
│ 事務局までお知らせください。                           │
│                                                     │
│ ▶ レファレンス記録票（紙）                            │
│   標準フォーマットに基づいたレファレンス記録票の書式     │
│   　EXCEL (45KB)　　PDF (264KB)                     │
│   ＊紙で記録を取り、それをもとにデータベースに登録を     │
│    される場合などにご利用ください。                    │
│    2011年5月26日掲載                                  │
│    2011年7月14日最終更新（公開レベルの並び順を修正）    │
│                                                     │
│ ▶ 入力用ワークシート（Excel）                         │
│   「レファレンス事例入力用ワークシート」「調べ方マニュアル│
│   入力用ワークシート」は、標準フォーマットに準拠した     │
│   データ作成ツールです。このワークシートには、データベース│
│   登録用のCSVデータの作成機能や簡単な検索機能、また     │
│   ローカル項目の記入欄なども付いていますので、自館の     │
│   レファレンス管理ツールとしても利用できます。（初版の公開：│
│   平成16年）                                          │
│   　レファレンス事例入力用ワークシート（第1.3版、ZIP圧縮、│
│    2006.08.24提供）                                   │
│   　マニュアル（第1.4版、2010年6月24日提供）            │
│   　調べ方マニュアル入力用ワークシート（第1.2版、ZIP圧縮、│
│    2006.08.24提供）                                   │
│   　マニュアル（第1.4版、2010年6月24日提供）            │
└─────────────────────────────────────────────────────┘
```

図15.6　「レファレンス協同データベースデータ作成お役立ちツール」
（出典）http://crd.ndl.go.jp/jp/library/tools.html（最終確認日2016年9月8日）

④　レファレンス記録の作成

　それでは実際に、レファレンス協同データベースのデータ登録に準拠した、レファレンス記録を作成していく。

　なお、今回はまず紙で記録をとり、後にデータベースへ登録する方法で説明をおこなう。

(1)まず、記録用紙の準備として国立国会図書館の Web サイト「レファレンス協同デーベースデータ作成お役立ちツール」（図15.6参照）にアクセスをし、レファレンス記録票（紙）のデータ MS EXCEL（45KB）をダウンロードする（図15.7参照）。

(2)必須入力項目の入力をおこなう。

　必須項目は、各図書館で作成したデータをレファレンス協同データベースで

第Ⅲ部　情報サービスの完結

レファレンス記録票

館名			管理番号	
公開レベル	□自館のみ参照　□参加館公開　□一般公開			
質問				
回答				
回答プロセス				
事前調査事項				
NDC		NDCの版	□7版　□8版　□9版 □7版　□8版　□9版	
参考資料				
キーワード				
照会先				
寄与者				
備考				
事例作成日	年　月　日	解決/未解決	□解決　□未解決(メール配信 する しない)	
調査種別	□文献紹介　□事実調査　□書誌的事項調査　□所蔵調査　□所蔵機関調査　□利用案内 □その他( )			
内容種別	□郷土　□人物　□言葉　□地名　□その他( )			
質問者区分	□未就学児　□小中学生　□高校生　□学生　□社会人　□団体　□図書館　□その他( )			
質問者連絡先	氏名( )　氏名ヨミ( ) 住所(〒) tel( )　FAX( )　Email( )			
受付窓口			担当者	
受付方法	□来館　□電話　□FAX　□E-mail　□その他( )			
回答方法方法	□来館　□電話　□FAX　□E-mail　□その他( )			
受付日時	年　月　日　時　分	回答日時	年　月　日　時　分	
メモ				

図15.7　レファレンス記録票

第 15 章　情報サービスの回答と評価

公開し、共有するために必要な識別情報となる。

管理番号	参加館が独自に設定する事例管理の番号
公開レベル	データの公開レベル。 ①自館のみ参照、②参加館公開、③一般公開から選択する
質問	受けつけたレファレンス質問の内容。 レファレンス協同データベースに登録された場合には Yahoo、Google などの検索エンジンにて、検索結果として表示される。
回答	質問者に対して回答した内容。

(3)任意入力項目の入力をおこなう。

　任意入力項目は、回答のプロセスや参考資料など、出した回答に関連する情報、典拠を示す情報となる。

回答プロセス	どのようなツールを使用したかなど、回答に至るまでの調査過程
事前調査事項	質問者が、事前に調査済みである事項
NDC、NDC の版	レファレンス事例を分類するための、NDC の版（7 版〜9 版）と分類記号
参考資料、キーワード	回答を出すために使用した参考資料およびレファレンス事例を用い検索するために付与する検索キーワード
照会先、寄与者	回答の情報源、および情報提供を受けた図書館外部の人、機関
事例作成日	レファレンス事例の作成日
解決/未解決	レファレンス質問に対して解決したのか、未解決なのかをチェック（事後の調査で解決した場合も、解決とする）
備考	自由記述欄
調査種別、内容種別　質問者区分	調査、事例のジャンル、質問者の分類

(4)ローカル項目

　質問者の連絡先や担当者など、各図書館で把握・管理すべき情報であり、レファレンス協同データベースには登録することができない情報となる。

質問者連絡先	質問者の氏名、連絡先
受付窓口	質問を受付けた窓口
担当者	回答作成者の氏名
受付方法、回答方法	質問の受付方法および回答手段
受付日時、回答日時	質問の受付日時および回答日時
メモ	自由記述欄

5 情報サービスの評価

　図書館においてレファレンスサービスを受けに来る利用者は、自分では解決することができない問題、疑問に対して、図書館の情報資源を利用した回答を提供してくれることを期待している。このため、図書館側はレファレンス質問を通して、いかに利用者の情報ニーズを的確に把握し、満足な回答を提供することができたかという点で、利用者によるサービスの評価がなされる。

　実際に多くの図書館ではレファレンス質問の回答を提供する際、同時にアンケート調査などをおこない、調査内容、回答、所要時間などが利用者の希望と合致していたかのヒアリングをおこなっている。

　このような調査を通して、利用者の要望をすくい上げることも重要だが、単なる満足度調査で終わることなく、レファレンスサービスを含む情報サービスの質の向上を図るためには、実施サービスの効果に関して、外部評価を受けることも必要となる。外部評価を受ける場合、どのような情報を評価の観点とすべきであるのかということが重要となるが、アメリカ図書館協会（ALA：American Library Association）のレファレンス・利用者サービス部会（RUSA：Reference and User Service Association）が図書館員に対して実施したレファレンスサービスの評価として測定すべき項目に関する調査では右上の様な項目をあげている[4]。

　各図書館において、前述の指標を用いた評価基準の策定やレファレンス協同データベースへのレファレンス事例登録、公開など情報サービスに関して、継続的に評価できるようなチェック体制を作り上げることが情報サービスの向上のために必要となるだろう。

4）日本図書館情報学会研究委員会編『情報アクセスの新たな展開』（シリーズ・図書館情報学のフロンティア：No. 9）勉誠出版, 2009, p.165.

第 15 章　情報サービスの回答と評価

サービスの場所や形態ごとに回答した質問件数
質問の種類（案内、事実、調査、主題別等）ごとに、回答した質問件数
レファレンスサービスのウェブページが閲覧された回数
レファレンス支援に対する利用者の満足度
日時別質問件数
1時間あたりの質問件数
（他のスタッフや他の図書館に）紹介した件数
質問に回答するためにかかった時間
回答の正確さ
質問に回答するために使われた情報源の種類
書誌や調べ方ガイドの準備と改訂にかかった時間
利用者が使用した書誌やガイドの数
読書相談にかかった時間
質問1件あたりの回答件数（充足率）
レファレンスに関するマーケティング活動にかかった時間

◆演習問題15-1　レファレンス記録票を用いて、「事実調査」、「文献調査」の記録を作成しなさい。

◆演習問題15-2　レファレンス事例入力ワークシートを用いて、これまでの第5章から第13章までの演習問題をもとに、レファレンス事例集を作成しなさい。

■□コラム□■

図書館情報サービスの創造

　図書館でなぜ情報サービスが取り組まれているのだろうか。この問いに明確に答えることができたのであれば、あなたは図書館に求められる新たな情報サービスを創造することができるだろう。

　広く一般市民に開かれた図書館では、所蔵する情報資源をうまく使いこなせる人もそうでない人もいる。そこで図書館員が情報資源をうまく使いこなせるような援助を様々な方法で行ってきた。それが情報サービスと呼ばれているのである。

　アメリカ合衆国で情報サービスに相当するものが始まった当初は、読書のための図書と調べ物のための図書を分けて配架しておくだけだったのである。しかしそれだけではうまく使いこなせない利用者がいて、不十分と考えられたのである。そこでレファレンスサービス（レファレンスワーク）と呼ばれる図書館員が調べ物の援助を直接するサービス方法が考えだされたのである。その後、図書館利用者対象者の状況に合わせて、読書の仕方をアドバイスする読書相談、貧困者を念頭に置いた情報の場といった新しい情報サービスを創造し、また合わなくなったものは取りやめていったのである。

　ずっと続けられてきたから、今でも必要なサービスである、逆に昔のサービスだから必要ないといった情報サービスの本質を考えない批判は図書館員を思考停止にさせてしまう。そうならないためにも、各地の図書館で取り組まれている情報サービスを利用対象者の状況に照らして多様な視座から検証し、捉えなおすことが求められる情報サービスの創造の出発点になるはずである。

（田嶋知宏）

索　引

欧　文

AND →論理積
FAQ　217,218
Frequently Asked Question → FAQ
NOT →論理差
OR →論理和
SDI →選択的情報提供サービス

あ　行

アメリカ図書館協会　242
意匠権　132,134,138
一次資料　17
医療→医療、保健、福祉に関する情報
医療、保健、福祉に関する情報　188,189,195
インフォメーションファイル　29,215,216
ウィキペディア　109

か　行

下位概念　51
課題解決　12,13,15,223,224
課題解決支援→課題解決
学校図書館　22
カレントアウェアネスサービス　5,222
企業→人物、企業、団体情報
企業情報　157,159,163
記事見出しリスト　220
気象に関する情報　194,199
行政情報→政府・行政情報
クリッピング資料　219
交通に関する情報　193,198
後方一致　57
子育てに関する情報　190,197
コンテンツシートサービス　222

さ　行

サービスポイント　9,10
再現率　57-59

索引　17,21,28,60,82,84,85,87,88
冊子体情報資源　20,25
産業財産権　132,134
三次資料　21
自然語　49,50
シソーラス　53
質問受付処理票→レファレンス処理票
実用新案権　132,134,136
事典　18,98
字典　18,98
辞典　18,98
上位概念　51
消費生活に関する情報　190,197
商標　140
商標権　132,134,139
情報サービス　3,4,228,244
情報サービスの評価　242
情報ニーズ　11
所在情報　66
書誌　17,28,68,71,82,83,86
書誌事項　73
人物、企業、団体情報　150,151
人物→人物、企業、団体情報
人物情報　156,158,162
生活情報　187
精度　57-59
税に関する情報　192,198
政府→政府・行政情報
政府・行政情報　122
セグメンテーション　12
セルフレファレンス　228
選択的情報提供サービス　222,223
前方一致　57

た　行

大学図書館　22
団体→人物、企業、団体情報
団体情報　160

245

知的財産系情報　132
中間一致　57
中間任意　57
地理(地名)情報　168,169,175,181
地理（地名）に関する情報源→地理(地名)情報
ディスクリプタ　53,54
統制語　49,52
読者相談サービス　220
図書館員　8,13,220,225
図書情報　66
図書リスト　220,221
特許権　132,134,135
特許公報　136,137
特許庁　140
トフラー、アルビン　2
トランケーション　57

な　行

二次資料　17
ネットワーク情報資源　20,23,24,26,55
ノイズ　58,59

は　行

パスファインダー　6,28,212-215,230
発信型情報サービス　212
判例情報　119
非ディスクリプタ　53
非優先語→非ディスクリプタ
福祉→医療、保健、福祉に関する情報
ブックスタート　224
便覧　18
防災(災害)に関する情報　194,199
法律相談や行政手続きに関する情報　192,198
法令情報　115
保健→医療、保健、福祉に関する情報

ま　行

目録　17,67,71,82,83,86

や　行

優先語→ディスクリプタ

ら　行

利用案内　5
両端一致→中間任意
リンク集　218
歴史情報　168,172,178,182
歴史に関する情報源→歴史情報
レファレンスインタビュー　30,32,42,43,45
レファレンス協同データベース　39,232-234,237-239,240,242
レファレンス記録　229,230,238
レファレンス記録票　232,237,240
レファレンスコレクション　16,20-23,25-27
レファレンスサービス　3-5,25,30,31,46,212,225,230,242,244
レファレンス情報源　16
レファレンスブック　16,20,25,49,59-61
レファレンスプロセス　30,31,42
レファレンス処理票　38-41,231,232
レフェラルサービス　5,28,46
労働情報　187,195
論理差　55-57
論理積　55-57
論理和　55-57

わ　行

を見よ　52,60,61
をも見よ　52,60,61

監修者紹介

山本順一（やまもと・じゅんいち）
　早稲田大学第一政治経済学部政治学科卒業。早稲田大学大学院政治学研究科博士課程単位取得満期退学。図書館情報大学大学院図書館情報学研究科修士課程修了。桃山学院大学経営学部・大学院経営学研究科教授を経て、現在、放送大学客員教授。『メディアとICTの知的財産権　第2版』（未来へつなぐデジタルシリーズ）（共著、共立出版、2018）『行政法　第3版』（Next教科書シリーズ）（共著、弘文堂、2017）、『情報メディアの活用　3訂版』（共編著、放送大学教育振興会、2016）、『IFLA公共図書館サービスガイドライン　第2版』（監訳、日本図書館協会、2016）、『新しい時代の図書館情報学　補訂版』（編著、有斐閣、2016）、『図書館概論：デジタル・ネットワーク社会に生きる市民の基礎知識』（単著、ミネルヴァ書房、2015）、『シビックスペース・サイバースペース：情報化社会を活性化するアメリカ公共図書館』（翻訳、勉誠出版、2013）、『学習指導と学校図書館　第3版』（監修、学文社、2013）、など。

執筆者紹介（＊は編著者、執筆順）

山田美幸（やまだ・みゆき）**第1章、第13章**
　図書館情報大学図書館情報学部卒業。図書館情報大学大学院情報メディア研究科修士課程修了。現在、熊本学園大学専任講師。『レファレンスサービス演習』（共著、理想社、2005年）、『学校図書館メディアの構成』（共著、全国学校図書館協議会、2010年）など。

川戸理恵子（かわと・りえこ）**第2章、第8章**
　盛岡大学文学部英米文学科卒業。図書館情報大学大学院情報メディア研究科修士課程修了。現在、鹿児島女子短期大学准教授。『図書館のしごと――よりよい利用をサポートするために』（共同監修、読書工房、2013年）など。

石井大輔（いしい・だいすけ）**第3章**
　明治学院大学法学部政治学科卒業。筑波大学大学院図書館情報メディア研究科博士後期課程単位取得退学。現在、聖徳大学文学部准教授。『情報資源組織論　第2版』（共著、学文社、2019年）、『図書館情報技術論』（共著、学文社、2012年）など。

川瀬康子（かわせ・やすこ）**第4章**
　図書館情報大学図書館情報学部卒業。筑波大学大学院図書館情報メディア研究科後期博士課程修了。現在、大妻女子大学非常勤講師、実践女子大学非常勤講師、日本大学文理学部非常勤講師。『図書館経営論』（共著、桂書房、2004年）、『日本図書学』（共著、桂書房、2007年）など。

*中山愛理（なかやま・まなり）第4章コラム、第5章、第7章、第12章、第14章コラム
　編著者紹介欄参照。

名城邦孝（なしろ・くにたか）第6章
　大阪外国語大学外国語学部卒業。筑波大学大学院図書館情報メディア研究科博士後期課程単位取得満期退学。常磐短期大学准教授、広島女学院大学准教授を経て、現在、沖縄国際大学准教授。『情報資源組織論』（共著、学文社、2012年）など。

坂本俊（さかもと・しゅん）第9章、第15章
　東海大学文学部卒業。筑波大学大学院図書館情報メディア研究科博士前期課程修了。筑波大学大学院図書館情報メディア研究科博士後期課程単位取得退学。安田女子大学、京都女子大学助教を経て、現在、聖徳大学文学部文学科図書館情報コース専任講師、広島大学大学院教育学研究科客員准教授。『情報サービス論』（共著、ミネルヴァ書房、2018年）、『図書館サービス概論』（共著、ミネルヴァ書房、2019年）など。

田嶋知宏（たじま・ちひろ）第10章、第13章コラム、第14章、第15章コラム
　横浜市立大学国際文化学部卒業。筑波大学大学院図書館情報メディア研究科博士前期課程修了。青森中央短期大学専任講師を経て、現在、常磐大学助教。『教育改革の動向と学校図書館』（共著、八千代出版、2012年）、『図書・図書館史』（共著、学文社、2014年）など。

石川賀一（いしかわ・しげかず）第11章
　筑波大学大学院図書館情報メディア研究科博士後期課程単位取得満期退学。現在、駿河台大学専任講師。『学校経営と学校図書館』（共著、学文社、2008年）など。

《編著者紹介》
中山愛理（なかやま・まなり）
　図書館情報大学大学院情報メディア研究科修士課程修了。筑波大学大学院図書館情報メディア研究科博士課程修了。博士（図書館情報学）。埼玉純真女子短期大学専任講師、茨城女子短期大学専任講師を経て、現在、大妻女子大学短期大学部国文科准教授。『図書館を届ける──アメリカ公共図書館における館外サービスの発展』（単著、学芸図書、2011年）、『図書・図書館史』（共著、日本図書館協会、2013年）、『図書館トリニティの時代から揺らぎ・展開の時代へ』（共著、京都図書館情報学研究会、2015年）など。

講座・図書館情報学⑧
情報サービス演習
──地域社会と人びとを支援する公共サービスの実践──

| 2017年1月30日 | 初版第1刷発行 | 〈検印省略〉 |
| 2022年12月30日 | 初版第4刷発行 | |

価格はカバーに
表示しています

	編著者	中　山　愛　理
	発行者	杉　田　啓　三
	印刷者	藤　森　英　夫

発行所　株式会社　ミネルヴァ書房
607-8494　京都市山科区日ノ岡堤谷町1
電話代表　（075）581-5191
振替口座　01020-0-8076

© 中山ほか, 2017　　　　　　　　　　亜細亜印刷

ISBN978-4-623-07836-3
Printed in Japan

山本順一 監修

講座・図書館情報学

全12巻

Ａ５判・上製カバー

- ＊①生涯学習概論 　　　　　　　　　　　前平泰志 監修／渡邊洋子 編著
- ＊②図書館概論 　　　　　　　　　　　　　　　　　　　　山本順一 著
- ＊③図書館制度・経営論 　　　　　　　　　　　　　　　安藤友張 編著
- ＊④図書館情報技術論 　　　　　　　　　　　　　　　　河島茂生 編著
- ＊⑤図書館サービス概論 　　　　　　　　　　　　　　　小黒浩司 編著
- ＊⑥情報サービス論 　　　　　山口真也・千　錫烈・望月道浩 編著
- 　⑦児童サービス論 　　　　　　　　　　　伊香左和子・塚原　博 編著
- ＊⑧情報サービス演習 　　　　　　　　　　　　　　　　中山愛理 編著
- ＊⑨図書館情報資源概論 　　　　　　　　　　　　　　　藤原是明 編著
- ＊⑩情報資源組織論［第２版］ 　　　　　　　　　　　　志保田務 編著
- ＊⑪情報資源組織演習 　　竹之内禎・長谷川昭子・西田洋平・田嶋知宏 編著
- ＊⑫図書・図書館史 　　　　　　　　　　　　　　　　　三浦太郎 編著

———— ミネルヴァ書房 ————

http://www.minervashobo.co.jp/

（＊は既刊）